MW01256601

L'ESSENTIEL
ANABAPTISTE

« Concis, instructif, pénétrant... facile et captivant à lire pour ceux qui veulent apprendre ou bien se rappeler de quoi il s'agit, le christianisme. »

—**Publishers Weekly**

« Pour tous ces réfugiés spirituels et ces inadaptés qui cherchent une foi chrétienne qui ressemble à Jésus de Nazareth, il y a un nouveau foyer qui vous attend : l'anabaptisme. *L'essentiel anabaptiste* est un excellent point de départ pour un nouveau parcours spirituel ainsi qu'un rappel que vous n'êtes pas seuls à chercher—nous sommes nombreux déjà à le faire, et nous avons laissé allumée la lumière pour vous. »

—*Benjamin L. Corey, auteur de* Undiluted

« Un aperçu simple sur les similarités et les différences entre l'anabaptisme et d'autres formes du christianisme sera utile à tout leader de l'église anabaptiste pour la discussion de ce que veut dire être une église anabaptiste chrétienne aujourd'hui, même et surtout au sein des contextes culturels divers. »

—*Arli Klassen, Conférence Mennonite Mondiale*

« *L'essentiel anabaptiste* approfondit les thèmes déjà traités par Becker dans «Qu'est-ce qu'un anabaptiste chrétien ? » Ce livret a connu une grande diffusion et a laissé une forte impression sur les assemblées anabaptistes partout dans le monde. *L'essentiel anabaptiste* nous offre une expansion très appréciée qui encourage une étude plus approfondie ainsi que la croissance spirituelle. »

—**Linda Shelly**, *directrice pour l'Amérique Latine, Mennonite Mission Network*

« *L'essentiel anabaptiste* illumine des valeurs et principes chrétiens profonds qui ne sont pas pris au sérieux par les églises traditionnelles, mais qui sont indispensables pour le christianisme authentique. Ce livre offre des ressources précieuses pour ceux qui continuent à chercher la vision originelle du royaume de Dieu. »

—**KyongJung Kim**, *Représentant de l'Asie Nord-Est, Conférence Mennonite Mondiale*

« *L'essentiel anabaptiste* est un apport important pour ceux qui souhaitent s'engager dans la mission de l'église. Ce livre est très abordable et bien organisé. Il reconnaît, de manière généreuse les contributions d'autres confessions et offre d'excellentes questions de discussion, le tout d'une voix qui invite et engage. »

—**Ron Mathies**, *ancien directeur exécutif du Comité Central Mennonite*

L'ESSENTIEL
ANABAPTISTE

dix signes d'une foi chrétienne unique

PALMER BECKER

Herald Press

Harrisonburg, Virginia

Library of Congress Cataloging-in-Publication Data
Names: Becker, Palmer, 1936- author. | Translation of: Becker, Palmer, 1936-
   Anabaptist essentials.
Title: L'essentiel anabaptiste : dix signes d'une foi chrétienne unique / Palmer Becker.
Other titles: Anabaptist essentials. French
Description: Harrisonburg, Virginia : Herald Press, 2017.
Identifiers: LCCN 2017016631| ISBN 9781513802756 (pbk. : alk. paper) | ISBN 9781513802763 (ebook)
Subjects: LCSH: Anabaptists--Doctrines.
Classification: LCC BX4931.3 .B4314 2017 | DDC 284/.3--dc23
LC record available at https://lccn.loc.gov/2017016631

L'essentiel anabaptiste
© 2017 Herald Press, Harrisonburg, Virginia 22802. 800-245-7894.
Anabaptist Essentials. Palmer Becker.

Library of Congress Control Number :
International Standard Book Number : 978-1-5138-0275-6 (paper), 978-1-5138-0276-3 (ebook)
Imprimé aux États-Unis d'Amérique.

Conception de couverture et d'intérieur par Merrill Miller
Images intérieures par Cynthia Friesen Coyle
Traduction : Aletha Stahl

21 20 19 18 17   10 9 8 7 6 5 4 3 2 1

*Dédié à mes aïeux qui ont vécu et
qui sont morts pour leur foi.*

Introduction

ON M'A INVITÉ À FAIRE LE DISCOURS D'OUVERTURE À UN congrès à Hesston, Kansas (EU), sur le thème de « faire des disciples ». Il devait être axé sur la manière que l'on partage notre foi dans une perspective anabaptiste. Alors trois mots me sont venus à l'esprit : Jésus, la communauté et la réconciliation. J'ai élaboré ces trois mots en trois phrases courtes, qui depuis ce moment ont été employées à grande échelle et restent toujours mémorables : Jésus est au centre de notre foi. La communauté est au centre de nos vies. La réconciliation est au centre de notre mission. Ces trois phrases sont les valeurs fondamentales qui ont d'abord été élaborées dans le discours d'ouverture et par la suite dans un livret de vingt-quatre pages qui s'appelle *Qu'est-ce qu'un chrétien anabaptiste ?* En conséquent, ce qui commença par trois mots devient maintenant ce livre, *L'essentiel anabaptiste*.

Les premiers anabaptistes vivaient ces trois valeurs même si cela menait à la mort. C'était une question de convictions pour lesquelles ils étaient passionnés. Ceci me fait poser la question : « Quelles sont les convictions et les valeurs pour lesquelles nous sommes prêts à souffrir et à mourir de nos jours ? »

Dans ce livre, j'examine la compréhension et l'application de ces valeurs aujourd'hui. J'écris dans un contexte nord-américain, mais avec beaucoup de reconnaissance pour ce que j'ai appris au cours de nombreuses missions d'enscignement en Asie du Sud-Est, au Proche Orient, et en Amérique du Sud. Les réponses et le dialogue sur ces dix perspectives à partir de l'expérience ou du point de vue d'autres cultures et milieux seront les bienvenues.

Les chrétiens anabaptistes partagent de nombreuses convictions avec d'autres croyants. Nous croyons en un Dieu personnel trinitaire, à la fois saint et miséricordieux. Nous croyons au salut par la grâce, par la repentance et la foi, à l'humanité et à la divinité de Jésus, et à l'inspiration et à l'autorité de l'Écriture. Nous croyons à la puissance du Saint-Esprit, et à l'Église en tant que corps du Christ. Mais pour les anabaptistes, ces convictions ont souvent une importance quelque peu différente. Bien que ces différences paraissent petites, elles changent énormément la perception et l'application de la foi chrétienne.

Les anabaptistes ont souvent minimisé l'importance de leur différence d'autres croyants en faveur de souligner les points communs. C'est ainsi que devrait être la chose. Cependant, cette quête de l'unité a aussi voilé les qualités particulières et les points forts que la tradition anabaptiste pourrait offrir à l'église plus large. Tout comme il y a des perspectives à apprendre en étudiant la foi chrétienne dans une perspective catholique, luthérienne, ou baptiste, il y a aussi des qualités uniques à apprendre de ceux qui vivent leur foi chrétienne du point de vue anabaptiste. Chaque expression de la foi chrétienne a quelque chose à contribuer aux autres expressions.

Sans m'excuser, dans ce livre je décris dix perspectives par lesquelles les anabaptistes chrétiens se différencient de façon unique de nombreux et même de la plupart des autres chrétiens. Par l'expression « se différencient de façon unique », je ne veux pas insinuer que les anabaptistes sont meilleurs ou que les autres ont tort. Je veux simplement dire que les anabaptistes chrétiens ont quelque chose à contribuer à la vision de la foi chrétienne. Imaginons un dîner à la fortune du pot pendant un dialogue religieux où les plats mis à la table par les chrétiens anabaptistes sont ces dix perspectives. Grâce aux perspectives uniques de chaque groupe, nous devenons tous plus forts. L'objectif de ce livre est le renforcement de la foi anabaptiste sans attitude négative et sans concurrence vis-à-vis d'autres points de vue.

Je reconnais que certaines perspectives de la foi chrétienne qui étaient uniques et essentielles aux premiers chrétiens anabaptistes sont maintenant acceptées comme des évidences par beaucoup d'autres chrétiens. Cependant, il y a d'autres convictions et pratiques qui peuvent encore paraître difficiles ou déconcertantes du point de vue des chrétiens d'autres traditions.

Les trois valeurs fondamentales sur lesquelles ce livre est bâti ne sont pas nouvelles. Elles sont enracinées dans la personne et le ministère de Jésus Christ et se trouvent à la base de l'église primitive. En 1943, Harold S. Bender, alors président de la *American Society of Church History*, interpréta ces trois valeurs fondamentales dans une déclaration appelée « The Anabaptist Vision ».[1] Il expliqua que les croyants anabaptistes comprennent le christianisme comme un *discipulat*, l'église comme une *famille*, et la pratique chrétienne comme une éthique d'amour et de non-résistance.

Alors que les programmes et les objectifs peuvent changer, les dirigeants d'entreprise suggèrent que « les valeurs fondamentales uniques qui ont fait naître une organisation ou un mouvement ne devraient pas être changées ».[2] On dit qu'elles sont « sacrées ». Dans ce livre, je défends ces valeurs fondamentales comme essentielles à la foi chrétienne et comme centrales à ce qu'est un chrétien anabaptiste.

La première valeur fondamentale—*Jésus est au centre de notre foi*—est traitée dans les chapitres 1, 2, et 3. Cette valeur nous invite à suivre Jésus dans la vie quotidienne, à interpréter l'Écriture en partant de Jésus, et à accepter Jésus comme notre autorité ultime.

La deuxième valeur fondamentale—*La communauté est au centre de nos vies*—est examinée dans les chapitres 4, 5, et 6. Cette valeur affirme que le pardon horizontal est essentiel pour qu'existe une communauté, que donner et recevoir des conseils est nécessaire pour discerner la volonté de Dieu, et que les petits groupes sont l'unité de base de l'église.

La troisième valeur fondamentale—*La réconciliation est au centre de notre mission*—est examinée dans les chapitres 7, 8, et 9.

Cette valeur concerne la réconciliation des individus avec Dieu, la réconciliation des membres les uns avec les autres, et le rôle des croyants comme artisans de la paix dans un monde brisé.

Le livre se termine par les chapitres 10 et 11. Le chapitre 10 affirme que les premiers anabaptistes constituaient le renouveau charismatique de la Réforme et que l'œuvre du Saint-Esprit est essentiel pour réaliser et pratiquer la foi chrétienne. Le chapitre 11 permet aux lecteurs et aux lectrices de réfléchir personnellement sur les idées principales de ce livre.

Les trois valeurs fondamentales ainsi que leur centre unificateur peuvent être représentées ainsi :

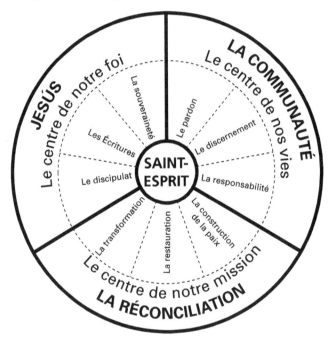

La concision de ce livre est à la fois son point fort et sa faiblesse. J'ai tendance à souligner les contributions positives des premiers anabaptistes tout en négligeant de soulever suffisamment les points forts d'autres traditions. Mon objectif est de nous axer sur les idéaux du mouvement anabaptiste afin que nous puissions les débattre et les appliquer dans un contexte actuel. Je suis le premier à admettre que les anabaptistes n'avaient pas toujours raison et ne joignaient pas toujours le geste à la parole.

Les disciples de Jésus peuvent croire profondément tout en ayant un rapport chaleureux et ouvert avec ceux d'autres convictions. Nous avons tous besoin de convivialité, de réfléchir et de travailler ensemble à tout moment et en tout lieu possible. Tout en réfléchissant et travaillant ensemble, nous sommes encouragés à partager nos perspectives et nos convictions les uns avec les autres. S'il faut nous protéger contre toute union qui minerait notre vitalité spirituelle, il faut aussi affirmer ce que font les autres dans l'esprit du Christ. Là où nous ne sommes pas du même avis, s'il s'agit d'individus, d'églises, de confessions, il est essentiel que nous l'exprimions d'un esprit d'amour. Un esprit d'amour comprend à la fois une écoute mutuelle attentive et un partage passionné des vérités que nous avons trouvées utiles.

En écrivant ces chapitres, j'ai été surtout aidé par l'intervention de Jeff Wright à Los Angeles et des auteurs Stuart Murray, Alfred Neufeld, John Roth, et C. Arnold Snyder.[3] La *Confession of Faith in a Mennonite Perspective*, qui a été adoptée en 1995 par l'Église Mennonite USA et l'Église Mennonite Canada, a servi de cadre fondamental.[4] Barb Draper a aidé à la préparation des questions de discussion. Cynthia Friesen Coyle a dessiné les images, et Mark Weising, Ally Siebert, et Mandy Witmer ont aidé à la recherche et à la première correction. Comme rédactrice du livre, Valerie Weaver-Zercher a donné des conseils exceptionnels tout au cours du processus. À eux et aussi à Ardys, mon épouse patiente, je suis sincèrement reconnaissant.

—Palmer Becker

Une brève histoire du christianisme

L'ÉGLISE PRIMITIVE EST NÉE LE JOUR DE LA PENTECÔTE quand le Saint-Esprit est descendu sur le groupe de disciples de Jésus qui s'étaient rassemblés dans une pièce à l'étage à Jérusalem (voir Actes 1:12-14, 2:1-4). Ce jour-là, l'apôtre Pierre se mit devant les foules et supplia les gens de repentir de leurs mauvaises loyautés, mots, et actions et d'accepter Jésus au centre de leur foi. À peu près trois milles personnes s'ajoutèrent à l'église ce jour (voir Actes 2:38-41).

Pendant les premières 250 années, les chrétiens furent considérés comme un peuple qui vivaient visiblement une nouvelle vie en obéissant à Jésus, qu'ils avaient accepté comme leur maître, sauveur et seigneur. Beaucoup de gens appela les disciples de Jésus « les gens de la voie » (Actes 9:2 ; 19:9, 23 ; 24:14, 22).

Selon le livre des Actes, ce sont des gens transformés qui se rassemblèrent les uns chez les autres, partagèrent librement leurs biens, et au cours du temps, accueillirent de nouveaux croyants, quels que soient leur race, classe ou lieu d'origine.

Quels changements arrivèrent à la foi chrétienne ?

Malheureusement, pendant les quelques siècles suivants, tant de changements arrivèrent à la foi chrétienne qu'elle devint presque comme une autre religion.[1] Alors que de nombreux chrétiens se réjouissaient de la fin des persécutions lourdes et d'un accroissement subite, de sorte que l'église comprenait presque toute l'Afrique du Nord, le Proche Orient, et l'Europe, les Anabaptistes voyaient cette époque comme la « chute » de l'église.

Il y a deux hommes qui sont devenus le symbole du changement majeur du christianisme originel à ce qu'on appelle la Chrétienté, ou bien l'ère et le domaine de la religion impériale. L'un des hommes est politicien, l'autre théologien.

Constantin, le politicien, fut l'empereur de l'Empire romain de 306 à 337 de notre ère.[2] Pendant la Bataille du pont Milvius en 312, il aurait vu en songe la croix et par-dessus cette croix paraissaient les mots en grec : « Par ce signe, tu vaincras ». Il gagna la bataille et, par conséquent, arrêta la persécution des chrétiens et permit à la foi chrétienne de devenir une religion reconnue par l'Empire romain.

Au cours des années, Constantin devint non seulement la tête de l'Empire romain croissant mais aussi la tête de l'église en pleine expansion. Des millions de gens, y compris des personnes riches et influentes, devinrent « chrétiens » pendant cette période. De plus, il y eut l'accumulation de nouveaux membres grâce aux conquêtes militaires par lesquelles les empereurs dits « chrétiens » forçaient les gens vaincus à se convertir au christianisme, même s'ils n'avaient aucune envie de le faire. Par conséquent, à la place de se trouver dans le monde, l'église se trouvait trop souvent pénétrée par le monde.

Du point de vue anabaptiste, l'église perdit beaucoup de ses qualités et de ses traits essentiels. Selon Stuart Murray, la Chrétienté « marginalisa, spiritualisa et domestiqua Jésus ». De plus, il dit que dans la Chrétienté, « l'enseignement de Jésus est dilué, privatisé et excusé. Jésus est vénéré comme une personnalité royale lointaine ou bien un sauveur personnel romantique ».[3]

Aux années précédentes, les croyants s'étaient rassemblés en groupes de confrérie, alors qu'à l'expansion de l'église, ils se rassemblaient dans de grandes structures d'église commissionnées par Constantin et ceux qui le suivaient. Au lieu d'insister sur

Constantin le Grand

Augustin d'Hippone

l'importance de suivre Jésus dans la vie quotidienne, ils mettaient l'accent sur la doctrine religieuse, l'expérience mystique et le pardon du péché. Il y eut peu d'insistance sur la transformation intérieure des croyants pour qu'ils pensent, sentent et se comportent comme leur Seigneur. Par conséquent, les gens étaient jugés plus par l'uniformité de leurs croyances que par leurs vies.

Augustin (354 à 430 de notre ère), le théologien, devint important à peu près un siècle après la montée au pouvoir de Constantin.[4] Comme ce dernier, lui aussi eut une expérience profonde de conversion, et certains de nos jours diraient que c'est le plus grand théologien de l'église occidentale. Or, c'est à cause de son enseignement que les leaders de l'église commencèrent à se focaliser plus sur la mort du Christ que sur sa vie. Anselme, théologien ultérieur (1033 à 1109), influença l'attention accordée au mystère de la mort du Christ pour les péchés du monde plutôt que celle accordée à la suivance du Christ comme leader-serviteur. Au lieu de dire « Jésus est au centre de notre foi », les tenants d'Augustin et d'Anselme avaient tendance à dire, « La mort du Christ est au centre de notre foi ».

Pendant les 250 premières années de l'existence de l'église, les disciples du Christ furent une minorité persécutée qui faisait leur culte en secret ou bien sous la pression en de proches communautés intimes. Mais sous la Chrétienté, ils se rassemblaient dans des édifices ornés qui étaient financés par la taxation du gouvernement et de l'église. Tandis qu'auparavant les nouveaux convertis se soumettaient à une formation importante, recevaient le baptême adulte et adhéraient aux assemblées engagées, maintenant les individus étaient baptisés à l'enfance, et tous les citoyens (sauf les juifs) étaient considérés chrétiens. Le sens de l'église comme le corps du Christ qui fonctionne comme une famille fut pour la plupart perdu.

Les membres de l'église primitive avaient régulièrement partagé leur foi avec leurs voisins et avaient amené l'Évangile aux coins éloignés du monde connu. Maintenant, la tâche de réconcilier les gens avec Dieu et les uns avec les autres avait beaucoup diminué. Presque tous les chrétiens de l'église primitive avaient rejeté le service militaire. Maintenant on s'attendait à ce que les chrétiens servent dans l'armée comme tout le monde.

Au Moyen Âge, la plupart des gens croyaient que les individus ordinaires ne pouvaient pas vivre de la même manière que Jésus avait vécue. Bien que les leaders aient insisté de plus en plus sur la prière et sur le pardon du péché, la moralité parmi le clergé et les gens ordinaires devint médiocre. On pouvait encore trouver le vrai disciplat au sein du mouvement monastique, mais pendant mille ans la majorité des chrétiens vivaient cette religion changée qu'on appelle la Chrétienté. La foi islamique augmentait en partie comme une correction du christianisme déchu.

Qu'accomplit la Réforme protestante ?

Entre 1200 et 1550, de nombreux leaders inquiets commencèrent à se rendre compte des défauts sérieux de la pratique de la foi chrétienne. L'un de ces réformateurs fut Martin Luther (1483 à 1546), un moine allemand de formation théologique augustinienne complète. Il y eut aussi Ulrich Zwingli, un pasteur suisse (1484 à 1531), et

John Calvin, un théologien français influent (1509 à 1564). Ils se portaient volontaires pour corriger la foi chrétienne et pour renouveler l'église.

Luther était particulièrement outré par les pratiques des prêtres et des papes qui proposaient le pardon du péché et la délivrance du purgatoire par les bonnes actions et par la vente d'indulgences. Le 31 octobre 1517, il cloua

Martin Luther

une liste de 95 thèses ou arguments sur la porte de l'église de Wittenberg (Allemagne). Ce geste a lancé la grande Réforme protestante d'où émergea le mouvement anabaptiste.[5]

Luther et d'autres leaders protestants cherchaient à restaurer l'église à ses valeurs et objectifs centraux originels telles qu'ils sont décrits dans les Écritures. Ils se séparèrent des pouvoirs, des traditions, et des rites de la hiérarchie de l'église à Rome. Dans leurs réunions, ils prêchèrent le salut par la grâce, la justification de la foi et le sacerdoce de tous les croyants. Ils croyaient que l'église existe partout où l'on proclame la véritable parole de Dieu et administre les sacrements correctement.

En 1524, impatients de se libérer non seulement des ordres

de Rome mais aussi des pratiques injustes du système féodal, les paysans d'Allemagne commencèrent une série de soulèvements contre leurs seigneurs cruels. Afin de maintenir l'ordre et de mettre fin au chaos, Luther et Zwingli se rallièrent aux politiciens et aux seigneurs féodaux. En faisant cela, ils forgèrent une nouvelle alliance involontaire et regrettable entre l'église et l'état.

Les soulèvements empêchèrent l'implémentation de beaucoup de réformes prévues par Luther et Zwingli. Ensemble avec la plupart d'autres leaders de la Réforme, ils revinrent aux structures initiées par Constantin et à la théologie rédigée par Augustin. Ceci signifia un retour à l'église d'état comme régime politique de l'église, au baptême infantile comme rite d'introduction à l'église, à l'emploi de l'épée par le gouvernement comme outil de punition, et aux Dix Commandements comme premier cadre de référence de la déontologie. En fin de compte, il y eut peu de changements.

Comment la foi anabaptiste commença-t-elle ?

Quand la Réforme protestante battait son plein, plusieurs étudiants d'Ulrich Zwingli, dont notamment Conrad Grébel (1498 à 1526), Félix Manz (1498 à 1527), et George Blaurock (1491 à 1529) se rassemblèrent régulièrement à Zurich (Suisse) pour étudier la Bible, débattre et prier. Hans Hut (1490 à 1527), Hans Denck (1495 à 1527), Pilgram Marpeck (décédé 1556) et Jacob Hutter (1500 à 1536) entamèrent des pratiques similaires en Allemagne du Sud et en Moravie. Quelques années plus tard, Melchior Hoffman (1495 à 1543), Menno Simons (1496 à 1561), Obbe Philips (1500 à 1568), ainsi que son frère Dirk Philips (1504 à 1568) amenèrent de nouvelles pensées aux Pays Bas.

Ces individus, chacun à sa manière, redécouvrirent un Jésus dynamique et vivant. Si on avait posé à ces étudiants des questions sur leurs croyances et leurs pratiques, ils auraient probablement été d'accord avec les premiers disciples et auraient dit : « Jésus Christ est au centre de notre foi. La communauté est au centre de nos vies. La réconciliation est au centre de notre mission ». Ils parvinrent à croire que l'église devrait se composer de ceux qui font une confession de foi adulte et qui s'engagent à suivre Jésus dans la vie quotidienne. Le 21 janvier 1525, Grebel, Manz et Blaurock se baptisèrent. C'est ainsi que commença le mouvement anabaptiste (littéralement, ceux qui re-baptisent).

Ces premiers anabaptistes rompirent de façon complète avec les notions de la Chrétienté soutenues par les leaders et les institutions catholiques et protestants. Ils insistèrent que l'église existe non seulement lorsqu'on prêche la véritable Parole et administre correctement les sacrements, mais aussi quand ses membres mènent une vie revitalisée d'obéissance publique à Jésus Christ. Pour les anabaptistes, la foi seule ne suffit ni pour le salut ni pour la communauté. Seulement ceux qui acceptent de se repentir de fausses loyautés et d'obéir au Christ dans la vie quotidienne pourraient y appartenir. L'amour était la marque clé de l'église, un amour qui s'exprime par l'entraide et par le soin porté à ceux des alentours et même à leurs ennemis.

Des dizaines de groupes anabaptistes émergèrent rapidement, et en deux ans leur nombre augmenta à approximativement deux milles membres. En 1527, leurs leaders se rencontrèrent à Schleitheim (Suisse) où ils rédigèrent une confession commune de foi, qui comprend des positions sur le baptême, la communion, la séparation du mal, les responsabilités des pasteurs, l'importance de dire la vérité, et le refus de participer à la violence.[6] Les croyants anabaptistes devinrent rapidement connus pour leur vie exemplaire. Aux procès publics, les hommes et les femmes qui ne buvaient pas un excès d'alcool, ne juraient pas, et ne maltraitaient pas leurs ouvriers ou leurs familles étaient soupçonnés d'être anabaptistes et donc étaient susceptibles de la persécution et même de la mort.[7]

Un peu plus tard, Menno Simons, un ancien prêtre

catholique du Pays Bas, s'associa aux anabaptistes et devint prédicateur itinérant. Il rassembla des croyants et rencontra des groupes pour étudier la Bible et pour discuter dans des maisons et à d'autres lieux secrets.[8] Après la défaite des extrémistes radicaux, qui avaient pris le contrôle de la ville de Münster, il écrivit des œuvres importantes et fut effi

Menno Simons

cace à l'unification de la plupart du mouvement anabaptiste. Grâce aux visites et à l'influence de Menno, les membres de nombreux groupes furent connus d'abord sous le nom de Mennistes et plus tard comme Mennonites.

Bien que ces premiers chrétiens anabaptistes/mennonites (ces termes sont souvent employés de façon interchangeable) affirmaient le Credo des Apôtres et la croyance au salut par la grâce, ils devinrent une espèce d'hybride catholique et protestant. En les décrivant, l'auteur et le théologien Walter Klaassen est allé jusqu'au point d'appeler un livre *L'Anabaptisme : ni catholique ni protestant*.[9] Contrairement aux catholiques, les anabaptistes n'avaient ni mots sacrés, ni choses sacrées, ni endroits sacrés, ni personnes sacrées. Contrairement aux protestants, ils préféraient parler de « naître de nouveau » et se considéraient transformés plutôt que « justifiés par la foi ».

Par rapport à la plupart de leaders catholiques et protestants, les anabaptistes parlaient aussi plus du Saint-Esprit. C'est pour ces raisons qu'on parvint à les voir comme un troisième type du christianisme. Certains chercheurs les ont appelés « la gauche » de la Réforme protestante. L'auteur Paul Lederach appelle le mouvement anabaptiste « la troisième voie ».[10]

Dans leurs petits groupes ou assemblées de l'église, les premiers anabaptistes continuèrent leur redécouverte de Jésus et les pratiques de ses premiers disciples. Vivre selon le Sermon sur la Montagne, ce qui peut se réaliser par la présence inspirante du Saint-Esprit, était l'idéal de tous les membres. Parmi leurs versets préférés fut Hébreux 12:2 : « Faisons-le en gardant les regards sur Jésus, qui fait naître la foi et la mène à la perfection », et I Corinthiens 3:11 : « Car personne ne peut poser un autre fondement que celui qui a été posé, à savoir Jésus-Christ ». Hans Denck, qui figure parmi ces premiers anabaptistes, le dit clairement : « Personne ne peut vraiment connaître le Christ à moins de le suivre dans la vie quotidienne, et personne ne peut suivre le Christ dans la vie quotidienne à moins de vraiment le connaître ».[11]

Comment l'anabaptisme développa-t-il ?

Les premiers chrétiens anabaptistes paraîtraient peut-être comme une souche particulière de blé. Les graines originelles et uniques poussèrent vite. En moins de deux décennies, le mouvement fut répandu à toutes les provinces d'Europe, de Scandinavie dans le nord jusqu'en Grèce dans le sud. Dans certaines régions, les anabaptistes étaient plus nombreux que les luthériens.[12]

À cause de leurs convictions sur le baptême et sur l'église, convictions considérées comme hérétiques d'ailleurs, les anabaptistes furent persécutés à la fois par les leaders catholiques et les leaders protestants. Cette persécution intensive, qui dura tout un siècle, fit que les premiers chrétiens anabaptistes se retirèrent afin de former des communautés à part ou bien s'enfuirent en Moravie, en Pologne, en Amérique du Nord et en Ukraine où ils pouvaient pratiquer leur foi en plus de sécurité. Pendant plus de quatre cents années, ces communautés de refuge furent comme une boîte de graines consanguines qui est mise sur l'étagère.

Au début du vingtième siècle et surtout pendant et juste

après la Seconde Guerre Mondiale, il y eut des changements considérables. Certains jeunes quittèrent leurs communautés de refuge pour aller à la guerre, aux camps de service civil public, ou bien aux postes de travail en ville. D'autres devinrent missionnaires en Asie, en Afrique, et en Amérique du Sud où ils faisaient face à de nouveaux défis et s'engageaient avec des gens de fois et de cultures différentes. C'est comme si la boîte de graines uniques anabaptistes avait été renversée du manteau. Elle s'écrasa par terre, et les graines s'étendirent à tous les coins du monde. Alors, de nos jours, ces graines ont besoin de pousser et de produire de nouvelles graines ou bien elles vont mourir. Heureusement, beaucoup de ces graines se sont enracinées à de nouveaux endroits, se sont mélangées à d'autres souches, et sont devenues un hybride bien recherché.

Les chrétiens mennonites, qui proviennent du mouvement anabaptiste, font partie de cette tradition, tout comme les croyants amishs, hutterites, et frères en Christ. Aujourd'hui, on compte à peu près deux millions de ces croyants dans plus de cent pays du monde.

Dans « La vision anabaptiste », Harold S. Bender affirme : « Les grands principes de la liberté de la conscience, de la séparation de l'église et de l'état, du volontarisme en religion. . . qui sont si essentiels à la démocratie, proviennent des anabaptistes de l'époque de la Réforme qui, pour la première fois, les articulent clairement et mettent au défi le monde chrétien de les suivre à l'application ».[13]

Comment peut-on continuer à apprendre de cette troisième voie pour comprendre la foi chrétienne ? Quelles qualités de la foi chrétienne peut-on apprendre ? Comment ces qualités sont-elles essentielles plutôt que simplement importantes ? Dans les chapitres qui suivent, je vais partager en partant de mon contexte et de ma perspective nord-américains, dix signes d'une foi chrétienne unique. Je vous confie cette foi pour le dialogue et pour la pratique joyeuse.

Questions de réflexion et de discussion

1. Est-il possible de renforcer la foi anabaptiste sans développer un esprit de compétition ou une hostilité vis-à-vis d'autres traditions ? Comment vous êtes-vous engagés dans un dialogue utile avec les croyants d'autres confessions ou d'autres fois ?

2. Réfléchissez aux contrastes entre l'église primitive et la Chrétienté. Peut-on les avoir toutes les deux, ou bien faut-il en choisir une ?

L'église primitive focalise sur . . .	La Chrétienté focalise sur . . .
la vie, l'enseignement, la mort, et la résurrection de Jésus.	le mystère, la mort, et la résurrection de Jésus.
les réunions dans des maisons.	les réunions dans des cathédrales.
le ministère de l'évangélisme.	la doctrine et l'organisation.
le baptême des adultes.	le baptême des enfants.
la vie en paix.	la guerre quand il faut.

3. Quelle est la différence de culte quand on est dans une maison et quand on est dans une grande cathédrale ornée ? Quels avantages et désavantages y a-t-il pour ces deux contextes de culte ?

4. Que pensez-vous de la déclaration de Walter Klaassen que l'anabaptisme n'est ni catholique ni protestant ?

Partie I

Jésus
est au centre
de notre foi

UN

Le christianisme est le discipulat

Si quelqu'un veut être mon disciple, qu'il renonce à
lui-même, qu'il se charge de sa croix et qu'il me suive.
Luc 9:23

COMMENT RÉPONDRE À LA QUESTION, « QU'EST-CE QUE LE christianisme ? » Bien que la question paraisse hyper-simple, on peut y répondre de multiples manières. Si toutes les traditions chrétiennes affirment que Jésus est au centre, chacune a tendance à interpréter cela de sa propre façon. Dans ce chapitre, je cherche à décrire la foi chrétienne telle que Jésus et ses premiers disciples la comprenaient ainsi que la manière par laquelle plusieurs traditions contemporaines la comprennent. Il faut commencer par Jésus et l'église primitive.

Comment les premiers chrétiens comprenaient-ils le christianisme ?

Pendant trois ans, les premiers disciples de Jésus vivaient, mangeaient et travaillaient avec Jésus. Ils observaient combien il prenait soin des pauvres, guérissait les malades, donnait la vision aux aveugles, communiquait aux marginalisés, pardonnait les pécheurs, enseignait les multitudes, et répondait aux ennemis. Pendant ces années du ministère plein de compassion et rempli de l'Esprit, jusqu'à la mort ultérieure de Jésus, sa résurrection et le don de son Esprit Saint, le discipulat devint central à ses premiers disciples.

Les premiers gens qui suivaient Jésus ont été appelés des disciples. Bien que ce soit ce qu'on appelle ceux qui suivent n'importe quel grand maître, les disciples du Christ dépassaient le rôle d'étudiants de Jésus. Ils avaient comme credo la phrase « Jésus le Christ est Seigneur » (Philippiens 2:11). Il fallait vivre ce principe dans un milieu hostile où tout le monde devait prêter leur allégeance suprême à César et à son ordre dominant.

Or, pour les disciples l'allégeance ultime appartenait à Jésus. C'est lui qui instaurait l'ordre social de Dieu. Cet ordre et les relations qu'il comprenait fonctionnaient comme le corps permanent du Christ. La tâche des disciples de l'époque et de tous les disciples qui allaient suivre était la continuation de ce que Jésus avait déjà commencé. Ils suivaient à la fois son caractère et son comportement dans la vie quotidienne.

Mener une vie d'obéissance joyeuse demandait quelque chose de surnaturel. Ceci demandait aux disciples de « naître de nouveau » (Jean 3:3). Naître de nouveau signifiait tout recommencer. Les disciples devaient se repentir ou bien se détourner de tout autre seigneur et toute autre allégeance pour s'engager à suivre Jésus comme leur seigneur vivant. Le jour de la Pentecôte, ils reçurent le Saint-Esprit, qui leur donna la connaissance et le pouvoir nécessaires pour vivre tel qu'avait vécu Jésus.

Comme dernière exhortation, le Christ instruisit à ceux qui le suivaient de faire encore des disciples, et c'est ce qu'ils firent. Même face aux difficultés de la persécution, ces premiers chrétiens propagèrent partout dans l'Empire romain ce qu'ils comprenaient de Jésus et ce que signifiait être son disciple. On commença à appeler ces premiers disciples « les gens de la Voie » parce qu'ils suivaient la voie de Jésus.

Comment les croyants d'aujourd'hui comprennent-ils le christianisme ?

Voilà quatre réponses à la question « Qu'est-ce que le christianisme ? » des gens de traditions différentes. Ces perspectives se trouvent dans l'illustration.

Le christianisme s'agit-il d'une série de croyances ?

Les croyants d'églises liturgiques ont tendance à insister sur Dieu le Père ainsi que sur une série de croyances correctes. Ils enseignent les croyances à la base de la foi chrétienne dans des cours de confirmation ou d'affiliation et répètent le Credo des Apôtres tous les dimanches. Certains iraient jusqu'à dire que « croire, c'est le christianisme ».

Les croyances sont importantes, et nous pouvons tous apprendre de ces églises liturgiques qui estiment les credos et les déclarations de foi. L'apôtre Paul soutient les croyances par sa promesse aux premiers chrétiens : « Si tu reconnais publiquement de ta bouche que Jésus est le Seigneur et si tu crois dans ton cœur que Dieu l'a ressuscité, tu seras sauvé » (Romains 10:9).

On pourrait comprendre la foi chrétienne comme une combinaison de croyances, d'appartenance et de comportement.[1] John Wesley (1703 à 1791) identifia ces parties du christianisme par ces termes : l'orthodoxie (les doctrines convenables), l'orthopathie (l'expérience convenable), et l'orthopraxie (les bonnes pratiques).[2]

Les disciples du Christ deviennent déséquilibrés quand ils insistent sur une partie de la foi chrétienne, telle que les croyances, aux dépens des autres parties. Les chrétiens ayant la perspective anabaptiste affirment que la foi chrétienne comprend une série de croyances, mais ils insistent sur l'importance d'équilibrer l'accent sur l'orthodoxie ou les croyances convenables avec les autres aspects de la foi chrétienne, dont surtout l'orthopraxie ou les bonnes pratiques.

Le christianisme est-il une expérience spirituelle ?

Les chrétiens charismatiques et pentecôtistes ont tendance à focaliser sur le Saint-Esprit et sur les expériences spirituelles spéciales (l'orthopathie). Ces chrétiens affirment souvent qu'ils sont parvenus à la foi grâce à une expérience surnaturelle telle qu'une guérison, la libération d'un démon ou bien une aide spéciale. Certains diraient même que parler en langues est le signe essentiel qu'on est chrétien.

Les anabaptistes confirmeraient que les expériences spirituelles font partie de la foi chrétienne. Ils reconnaissent le fait que Jésus accomplit des miracles surnaturels et que les premiers chrétiens furent témoins de nombreux prodiges et de signes miraculeux faits par les disciples (Actes 2:43). Mais les chrétiens anabaptistes avertissent que la foi chrétienne ne peut pas se décrire ou bien se limiter aux expériences spirituelles.

Le christianisme est-il une expérience du pardon ?

Les chrétiens évangéliques focalisent sur l'expérience sacrée du pardon de Dieu. Après avoir prêché l'Évangile de manière convaincante, certains évangélistes invitent ceux qui veulent devenir chrétiens à prier « la prière du pécheur ». Certains diraient même qu'on devrait pouvoir nommer l'heure et le lieu où l'on a fait la confession du péché et reçu le pardon.

Les chrétiens ayant une perspective anabaptiste confirment que la confession du péché et le pardon sont essentiels au salut. Jésus commença son ministère par ces paroles : « Changez d'attitude (repentez-vous) et croyez à la bonne nouvelle ! » (Marc 1:15). Mais le pardon du péché n'est pas le total de la foi chrétienne. Bien que la prière du pécheur démarre le parcours chrétien et soit considérée comme le minimum requis pour entrer au ciel, la foi chrétienne comprend bien plus que le pardon.

Le christianisme est-il le discipulat ?

Les chrétiens anabaptistes confirment que le christianisme comprend les croyances, l'expérience spirituelle, et le pardon.

Mais ils focalisent surtout sur l'importance de suivre Jésus dans la vie quotidienne. Les chrétiens anabaptistes diraient même : « Le christianisme est le discipulat ! »

Le discipulat veut dire suivre Jésus dans la vie quotidienne. C'est un appel à une vie qui ressemble à la vie de Jésus. Jésus dit : « Si vous demeurez dans ma parole, vous êtes vraiment mes disciples » (Jean 8:31). Les disciples obéissent à Jésus avec joie à cause de ce qu'il a fait et continue à faire pour eux.

De la même façon que certaines traditions focalisent sur les croyances convenables, les expériences convenables ou le bon pardon aux dépens du discipulat, les anabaptistes risquent de focaliser sur les bonnes pratiques (l'orthopraxie) aux dépens de négliger d'autres aspects de la foi. J.I. Packer, théologien anglican renommé, me dit une fois : « Je deviens frustré que les anabaptistes ne prennent pas le temps de réfléchir. Ils sont toujours en train de faire les choses ! Ceci dit, je dois aussi admettre qu'ils font plus que nous ».[3]

Le discipulat insiste qu'on tienne ensemble la foi et l'obéissance. La foi demande l'obéissance, et l'obéissance demande la foi. Jacques maintient que sans obéissance, il n'y a pas de foi : « Il en va de même pour la foi : si elle ne produit pas d'œuvres, elle est morte en elle-même » (Jacques 2:17).

Jésus lui-même dit : « Ceux qui me disent : 'Seigneur, Seigneur !' n'entreront pas tous dans le royaume des cieux, mais seulement celui qui fait la volonté de mon Père céleste. Beaucoup me diront ce jour-là : 'Seigneur, Seigneur, n'avons-nous pas prophétisé en ton nom ? N'avons-nous pas chassé des démons en ton nom ? N'avons-nous pas fait beaucoup de miracles en ton nom ?' Alors je leur dirai ouvertement : 'Je ne vous ai jamais connus. *Eloignez-vous de moi, vous qui commettez le mal !*' » (Matthieu 7:21-23).

Comment les premiers anabaptistes parviennent-ils à cette foi ?

C'est en étudiant la Bible, en débattant et en priant que les premiers anabaptistes redécouvrirent un Jésus vivant. Ils trouvèrent que sa vie, ses priorités et ses commandes ont été clairement écrites dans l'Évangile. Ils enracinèrent leur obéissance à Jésus dans le Sermon sur la Montagne. Le Saint-Esprit les rappela qui Jésus était, ce qu'il disait, et ce qu'il les appelait à faire.

« Jésus est au centre de notre foi » est la première valeur fondamentale de la foi anabaptiste. Tandis que d'autres traditions diraient aussi que Jésus est au centre, les chrétiens anabaptistes ont lourdement insisté que ce qui met Jésus au centre, c'est le suivre avec obéissance et non seulement avec la croyance. Le baptême adulte communique à la famille, aux amis et à la communauté de l'église qu'un individu s'engage à suivre Jésus dans la vie quotidienne.

La défunte Doris Janzen Longacre, théologienne mennonite et auteur du livre de recettes *More-with-Less*, affirma cela : « Nous pouvons répéter les faits de fond, partager l'expérience et distiller les standards afin de guider les décisions futures. Nous pouvons participer aux ateliers et aux colloques, faire appel à encore plus d'expérience et rassembler une bibliothèque utile, mais quand nous fermons les livres et rentrons des débats, il y a une voix qui parle encore dans le silence. Pour les chrétiens, c'est l'appel à l'obéissance ».[4]

Les premiers anabaptistes étaient encouragés par les paroles de Jésus : « Alors le roi dira à ceux qui seront à sa droite : 'Venez, vous qui êtes bénis par mon Père, prenez possession du royaume qui vous a été préparé dès la création du monde ! En effet, j'ai eu faim et vous m'avez donné à manger ; j'ai eu soif et vous m'avez donné à boire ; j'étais étranger et vous m'avez accueilli ; j'étais nu et vous m'avez habillé ; j'étais malade et vous m'avez rendu visite ; j'étais en prison et vous êtes venus vers moi' » (Matthieu 25:34-36).

C'est ainsi que Jésus termine son Sermon sur la Montagne bien connu, qui sert de manifeste de la foi chrétienne : « C'est pourquoi, toute personne qui entend ces paroles que je dis et les met en pratique, je la comparerai à un homme prudent qui a construit sa maison sur le rocher. La pluie est tombée, les torrents sont venus, les vents ont soufflé et se sont déchaînés contre cette maison ; elle ne s'est pas écroulée, parce qu'elle était fondée sur le rocher. Mais toute personne qui entend ces paroles que je dis et ne les met pas en pratique ressemblera à un fou qui a construit sa maison sur le sable. La pluie est tombée, les torrents sont venus, les vents ont soufflé et se sont abattus sur cette maison ; elle s'est écroulée et sa ruine a été grande » (Matthieu 7:24-27).

Comment comprenons-nous le discipulat ?

Si l'essence du christianisme est le discipulat, c'est-à-dire la suivance de Jésus dans la vie quotidienne, il est important de comprendre clairement ce que cela veut dire. Les chrétiens ayant une perspective anabaptiste croient que lorsqu'une personne atteint l'âge de la responsabilité, c'est-à-dire quand une personne est assez âgée pour assumer ses décisions, cet individu doit prendre une décision, ou bien une série de décisions, contre d'autres allégeances et d'autres façons de vivre et en faveur de l'obéissance à Jésus le Christ. Dans *God's Story, Our Story* (*Histoire de Dieu, notre histoire*), professeure de la Bible et du ministère Michele Hershberger dit : « Il ne suffit pas d'entendre parler de Jésus et du salut. Il ne suffit pas de pouvoir expliquer la signification de tout ce qu'il y a dans l'Histoire [de Dieu] et comment ces choses vont ensemble. Sachant tout cela, vous devez faire un choix. Vous suivrez Jésus ? Vous lui direz 'oui' ? »[5]

Une telle décision pourrait signifier un nouveau commencement sur le plan personnel et dans le contexte d'un nouveau groupe. Lorsque Jésus dit qu'il faut « naître de nouveau » (Jean 3:7), il se réfère à quelque chose de plus que le « salut ». Bien que le salut signifie souvent être délivré de mauvaises habitudes ou être sauvé de l'enfer à la fin de cette vie, naître de nouveau veut dire recommencer à vivre d'une nouvelle façon dans cette vie. Naître de nouveau provoque une transformation au niveau des pensées, des attitudes, et des actions et permet à une personne de recommencer à nouveau.

Mon père, qui parlait allemand comme langue maternelle, comprenait le christianisme comme *nachfolge Christi*, ce qui veut dire « suivre Jésus ». Quant au baptême, il était perplexe face à la question, « Êtes-vous sauvé ? » et offrait comme réponse, « Je suis un disciple de Jésus ». Il a été baptisé en donnant cette confession de foi.

David Augsburger, professeur de la cure d'âme, souligne que, dès leur début en 1525 jusqu'à présent, les anabaptistes ont poursuivi ce rêve :

- Il est raisonnable de suivre Jésus de manière quotidienne, radicale et totale dans cette vie.

- Il est pratique d'obéir au Sermon sur la Montagne et à tout le Nouveau Testament de manière littérale, franche et sacrificielle.

- Il est pensable de pratiquer la voie de l'amour réconciliant dans les conflits humains et dans la guerre, sans défense et sans résistance.

- Il est possible de reconnaître Jésus comme Seigneur qui est au-delà du nationalisme, du racisme et du matérialisme.

- Il est faisable de bâtir une église commune des frères et des sœurs qui sont volontaires, disciplinés et mutuellement engagés les uns aux autres en Christ.

- On peut vivre de manière simple, suivant la voie de Jésus au niveau de notre style de vie, nos possessions et notre service.[6]

Qu'est-ce qui est essentiel au christianisme anabaptiste ?

Comprendre que « le christianisme est le discipulat » est essentiel pour comprendre le christianisme d'une perspective anabaptiste. Cela veut dire continuer de nos jours ce que Jésus commença en l'an 30 de notre ère !

Le discipulat est le résultat de notre transformation par notre relation active avec Jésus le Christ. C'est une façon formidable de voir et de vivre la foi chrétienne.

César García, qui sert de secrétaire générale de la Conférence Mennonite Mondiale, association internationale des églises anabaptistes, pose la question : « Pouvons-nous marcher ensemble avec d'autres chrétiens ? » Il y répond : « Oui ... mais ce n'est pas tout simplement parce que nous partageons des doctrines théoriques qu'il faut reconnaître en termes intellectuels. C'est plutôt que nous partageons des convictions et des relations qui sont le fruit de notre chemin avec le Christ, tel que le faisaient nos ancêtres du seizième siècle ».[7]

S'il y a plusieurs réponses à la question, « Qu'est-ce que le christianisme ? », il y a aussi plusieurs réponses à la question, « Comment interprétons-nous la Bible ? » Nous examinons ces réponses dans le chapitre suivant.

Questions de réflexion et de discussion

1. Comment répondez-vous à la question, « Qu'est-ce que le christianisme ? »

2. Réfléchissez à ces perspectives opposantes qui se trouvent au sein de la foi chrétienne :

De nombreux chrétiens focalisent sur :	Les chrétiens anabaptistes focalisent sur :
la primauté des croyances au christianisme.	l'importance mais pas la primauté des croyances au christianisme.
la primauté de l'expérience spirituelle au christianisme.	l'importance mais pas la primauté de l'expérience spirituelle au christianisme.
la primauté du pardon au christianisme.	l'importance mais pas la primauté du pardon au christianisme
la primauté du salut éternel au christianisme.	la primauté de la suivance de Jésus dans la vie quotidienne.

3. Quelle différence pratique est impliquée quand une personne confirme que « le christianisme est le discipulat » ?

4. En quoi les paroles de Paul et Silas, quand ils disent « Croyez au Seigneur Jésus » (Actes 16:31) sont la même chose que la phrase « Suivez le Seigneur Jésus dans la vie quotidienne » ?

La Bible est interprétée en partant de Jésus

Après avoir autrefois, à de nombreuses reprises et de bien des manières, parlé à nos ancêtres par les prophètes, Dieu, dans ces jours qui sont les derniers, nous a parlé par le Fils.
Hébreux 1:1-2

COMMENT DEVRIONS-NOUS INTERPRÉTER LA BIBLE ? Les différences d'interprétation sont souvent au fond des malentendus et des divisions entre les croyants. Sara Wenger Shenk, présidente de l'Anabaptist Mennonite Biblical Seminary, donne une explication peinée : « Actuellement, la Bible est devenue un champ de bataille sur lequel les guerres de culture se déroulent. Notre église se déchire à cause des façons erronées qu'on lit et interprète la Bible ».[1]

Dans ce chapitre, j'explique d'abord quatre méthodes d'interprétation des Écritures. Ensuite nous examinons comment les chrétiens anabaptistes comprennent et obéissent aux Écritures de manière un peu différente de beaucoup et même de la plupart des autres chrétiens.

Comment les Écritures sont-elles parvenues jusqu'à nous ?

En commençant par Moïse, puis pendant une période de mille-cinq-cents années, il y a plus de quarante auteurs qui, guidés par le Saint-Esprit, ont écrit les soixante-six livres de la Bible. Certains livres du Nouveau Testament ont d'abord été rédigés cinquante, cent, et même plus d'années après la naissance du Christ. Les premiers chrétiens avaient de l'expérience avec les parchemins de l'Ancien Testament, mais prêchaient et offraient de l'aide en se basant sur ce qu'eux et les apôtres se rappelaient du ministère et de l'esprit de Jésus. Au cours du temps, les leaders chrétiens choisirent les livres actuels de la Bible et développèrent des façons variées de les interpréter. Par exemple, Augustin développa une méthode compliquée à quatre volets, ainsi indiquant que chaque passage de l'Écriture a quatre significations possibles :

1. Littérale : Ce que le passage dit du passé
2. Allégorique : Ce que le passage dit du Christ
3. Morale : Ce que le passage dit à propos de notre mode de vie
4. Prophétique : Ce que le passage dit du sort ultime des êtres humains

Vu ces paramètres, l'interprétation de l'Écriture devint difficile, donc au cours de plus de mille années, l'étude biblique fut laissée aux moines et aux intellectuels, qui interprétaient les Écritures selon la tradition. Puis, pendant la Réforme des années 1500, Martin Luther ainsi que d'autres ont traduit la Bible en langues communes des gens. De 1516 à 1550, il y a presque trente nouvelles traductions de la Bible qui parurent en Europe.[2] L'invention de la presse d'imprimerie rendit soudainement possible l'accès aux Écritures aux croyants ordinaires. Des lecteurs impatients achetèrent des traductions aussi vite qu'elles apparaissaient !

Luther prêcha le *sola scriptura*, ce qui veut dire « par l'Écriture seule ». Alors qu'il maintenait que seule la Bible devait déterminer la foi et la vie, il retenait beaucoup de méthodes d'interprétation traditionnelle et donc ne laissait pas de place à la liberté de pensée religieuse complète.

Les premiers anabaptistes, comme d'autres chrétiens, croyaient que « toute l'Écriture est inspirée de Dieu et utile pour enseigner, pour convaincre, pour corriger, pour instruire dans la justice » (2 Timothée 3:16). Ils avaient beaucoup de débats avec d'autres réformateurs concernant la lecture des Écritures.

Comme au moment de la Réforme, plus récemment nous avons été inondés par des traductions et par de nouvelles formes de communication. En plein milieu du nouvel accès aux Écritures, il y a quatre méthodes ou approches à l'interprétation qui sont devenues assez répandues : (1) linéaire, ou littérale ; (2) dispensationnelle ; (3) fondée sur le Christ transfiguré ; (4) à partir d'une éthique fondée sur le Christ. Voilà une brève explication de ces approches.

Qu'est-ce que la lecture « linéaire » de la Bible ?

Il y a beaucoup de chrétiens qui croient que tout Écriture a la même valeur ou la même autorité. Ils mettent la Bible à un seul niveau et font peu de différence entre l'Ancien et le Nouveau Testament. Par exemple, ce que dit Moïse dans Deutéronome est égal à ce que dit Jésus dans le Sermon sur la Montagne. On appelle cette méthode d'interprétation la lecture « linéaire » de la Bible.

Les chrétiens qui emploient cette lecture linéaire en font une interprétation souvent littérale. Ils diraient par exemple : « Je lis la Bible et fais ce qu'elle dit de faire, voilà tout ». Cependant, puisqu'il n'est pas possible de faire tout ce que la Bible dit de faire, ils discriminent bien en ce qu'ils choisissent d'enseigner et de faire. Aussi, il est inévitable que tout le monde interprète ce qu'il ou qu'elle lit selon une compréhension individuelle formée par ses expériences et son contexte.

La lecture « linéaire » de la Bible

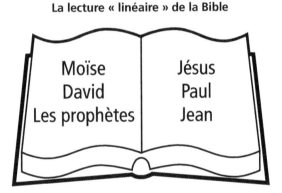

Quand les interprètes de la lecture linéaire de la Bible font face à des questions politiques ou sociales telles que la guerre, la peine de mort ou le traitement des gens déviants, ils se basent souvent sur les textes de l'Ancien Testament pour déterminer leurs croyances et leurs actions, même si ces textes se distinguent de l'enseignement de Jésus dans le Nouveau Testament. Face aux questions d'éthique personnelle, ils ont souvent recours aux Épîtres. Les Évangiles sont souvent négligées.

Quand on examine l'Écriture, il est important de se rappeler qu'il s'agit de beaucoup de description plutôt que de prescription. Autrement dit, la Bible *décrit* ce que les gens de l'époque pensaient ou faisaient sans nécessairement prescrire ce qu'on devrait faire aujourd'hui. C'est pour cette raison que nous ne pouvons pas tout simplement « lire la Bible et faire ce qu'elle dit ».

Pour les premiers chrétiens anabaptistes, il n'était pas assez d'étudier seulement l'Écriture écrite afin d'enseigner et de prêcher. Ils avaient besoin aussi de la Parole et de l'Esprit. Ils avaient des problèmes quand ils élevaient la Parole écrite littérale au-dessus de l'Esprit ou bien le contraire. L'auteur C. Arnold Snyder dit : « Les anabaptistes enseignaient 'l'Écriture et l'Esprit ensemble' ».[3] Ceci est à l'opposé de l'approche « l'Écriture seule » de Luther. On dit, parfois vulgairement : « Si vous n'avez que la Parole, vous vous asséchez. Si vous n'avez que l'Esprit, vous vous sautez. Mais si vous avez et la Parole et l'Esprit, vous devenez adulte ».[4]

Voilà pourquoi les chrétiens anabaptistes ne pensent pas que la lecture linéaire de la Bible soit la meilleure méthode pour interpréter les Écritures.

Qu'est-ce que la lecture dispensationnelle ?

La lecture dispensationnelle des Écritures fut proposée par John Darby, leader des Plymouth Brethren (Frères de Plymouth) vers 1800. Ceux qui adhèrent à cette approche croient que Dieu avait une volonté différente à des « dispensations », c'est-à-dire à des époques différentes. Il faudrait interpréter les Écritures et la volonté de Dieu selon l'époque.

La lecture dispensationnelle

La promesse
Genèse 12–Exode 19

La loi de Moïse
Exode 20–Matthieu 7

Jésus: Matthieu 8–Actes 1:26

La grâce/L'église
Actes 2:1–Apocalypse 20:3

La loi millénaire
Apocalypse 20:4-6

Comme on le voit dans cette illustration, il y a quatre (ou même plus) dispensations bibliques qui comprennent l'âge de la promesse patriarcale, l'âge de la loi de Moïse, l'âge de l'église, et le dernier âge millénaire quand Jésus reviendra pour régner sur la terre.

Le dispensationalisme met au centre l'ancienne alliance et le peuple israélite à la place de Jésus et de l'église. Il vénère la prophétie plutôt que la vie juste. Par conséquent, il y a de nombreux chrétiens évangéliques et sionistes qui insistent plus sur la prophétie que sur la justice biblique. Ceci est surtout en évidence par rapport aux attitudes vis-à-vis de la nation d'Israël et de son occupation de la terre palestinienne.

Ce qui est très regrettable de cette approche, c'est que l'enseignement de Jésus tel qu'on l'a dans le Sermon sur la Montagne est considéré applicable seulement pour la période où Jésus était sur la terre et quand il reviendra. On n'encourage ni s'attend à ce que les chrétiens de nos jours vivent selon le Sermon sur la Montagne.

Voilà pourquoi les chrétiens anabaptistes ne croient pas que la lecture dispensationaliste soit la meilleure pour interpréter la Bible.

Qu'est-ce que la lecture fondée sur le Christ transfiguré ?

La plupart des chrétiens prétendent à une lecture de la Bible centrée sur le Christ, mais de nombreux parmi eux transfigurent Jésus. Leur compréhension de Jésus se limite surtout à sa mort sacrificielle sur la croix. Pour cette approche, on comprend les écrits de l'Ancien Testament comme une indication du moment futur où Jésus offrirait sa vie comme un dernier sacrifice pour les péchés du monde et alors les écrits du Nouveau Testament comme un regard en arrière sur cet événement.

Ceux qui emploient cette approche plus étroite à l'égard de Jésus courent le risque d'interpréter certains écrits de l'Ancien Testament de façon contradictoire aux intentions des écrivains originels. Plus grave encore, ils focalisent presqu'exclusivement sur la mort sacrificielle de Jésus sans comprendre que la vie de Jésus et ce qu'il représente sont les éléments clés qui mènent à sa mort. Les adhérents de la lecture fondée sur le Christ transfiguré ont tendance à baser leur prédication et leur enseignement sur l'Ancien Testament ou bien sur les Épîtres de Paul plutôt que sur la vie et l'enseignement de Jésus.

La lecture fondée sur le Christ transfiguré

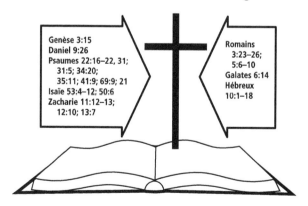

Genèse 3:15
Daniel 9:26
Psaumes 22:16–22, 31;
   31:5; 34:20;
   35:11; 41:9; 69:9; 21
Isaïe 53:4–12; 50:6
Zacharie 11:12–13;
   12:10; 13:7

Romains
3:23–26;
5:6–10
Galates 6:14
Hébreux
10:1–18

Bien que les chrétiens anabaptistes confirment l'importance critique de la mort du Christ, nous trouvons que l'approche fondée sur le Christ transfiguré n'est pas la meilleure méthode pour interpréter la Bible. Cette approche n'insiste pas assez sur le fait qu'à l'essence de la foi chrétienne est la suivance d'un Jésus vivant dans le contexte d'une communauté centrée sur Jésus.

Qu'est-ce que la lecture à partir d'une éthique fondée sur le Christ ?

Une quatrième approche d'interprétation de la Bible maintient que Jésus, puisqu'il est la pleine révélation de Dieu et de la volonté de Dieu, est clé à l'interprétation des Écritures. Il faut lire toute la Bible par l'intermédiaire des yeux et de la nature de Jésus. Bruxy Cavey, pasteur et enseignant à The Meeting House, l'explique ainsi : « Au centre de la Bible est Jésus. Jésus est aussi au centre de qui nous sommes. Le Sermon sur la Montagne est un merveilleux point de départ pour connaître Jésus le mieux possible ».[5] Selon le missionnaire Peter Kehler : « Si tout ce que font les Écritures, c'est nous présenter Jésus Christ, c'est déjà assez ! Les Écritures en font bien plus, mais leur plus grande contribution, c'est nous présenter Jésus Christ qui est notre sauveur et notre guide. »[6]

Pourquoi accorder tant de priorité à Jésus ? Abraham, Moïse, David, et les prophètes avaient une connaissance croissante de Dieu et de sa volonté. Ils bâtissaient sur les connaissances les uns des autres ainsi que sur les révélations supplémentaires qui leur ont été accordées. C'est par ce moyen que la nature de Dieu et de sa volonté deviennent les plus claires en Jésus. Ceci est résumé dans le livre des Hébreux : « Après avoir autrefois, à de nombreuses reprises et de bien des manières, parlé à nos ancêtres par les prophètes, Dieu, dans ces jours qui sont les derniers, nous a parlé par le Fils. . . [qui] est le reflet de sa gloire et l'expression de sa personne » (Hébreux 1:1-3).

La lecture à partir d'une éthique fondée sur le Christ

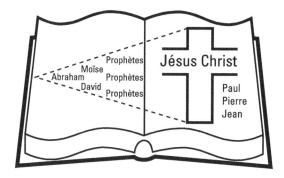

L'enseignement de Jésus accomplit et transcende même parfois l'enseignement précédent de l'Écriture. Selon Ervin Stutzman, directeur exécutif de Mennonite Church USA : « Jésus [dit] : 'Vous avez entendu dire qu'il est dit,' puis il cite un passage de l'Ancien Testament suivi par 'mais moi je vous dis,' ainsi signalant la meilleure voie de Dieu aujourd'hui. Il revendique l'autorité d'une réinterprétation de ces Écritures quand il parle de lui-même : 'Il y a ici quelqu'un de supérieur à Moïse' ».[7]

Dieu continue à se révéler dans nos expériences de tous les jours et par moyen de nos frères et sœurs qui sont dirigés par l'Esprit et qui cherchent à suivre Jésus dans la vie quotidienne. Comme le dit le pasteur et avocat de mission John Powell : « Toute expérience nous rapproche à une connaissance de l'autorité et de la suprématie de Dieu ».[8]

Quand on veut savoir ce que dit la Bible à propos d'une question particulière, nous commençons par l'exemple, par les paroles et par l'esprit de Jésus. Nous pourrions consulter d'autres Écritures pour plus de contexte et de connaissance, mais notre première aide vient de Jésus. Quand nous nous trouvons face à des passages difficiles tels que ceux de l'Ancien Testament qui décrit la violence, nous les interprétons selon l'esprit et la nature de Jésus en nous posant la question : « Que dirait Jésus ? Comment Jésus agirait-il dans cette situation ? » Marion Bontrager, professeur de la Bible, donne ces conseils : « S'il y a un désaccord entre deux Écritures, laissez à Jésus le rôle d'arbitre ! »[9]

Pour interpréter la Bible, les anabaptistes ont maintenu l'unité des aspects éthiques et spirituels de la vie et du ministère du Christ. Nous croyons que Dieu et sa volonté ont été le plus clairement révélés par l'intégralité de Jésus Christ. Donc notre éthique provient surtout du Christ plutôt que des Dix Commandements et des Épîtres.

L'interprétation biblique change-t-elle les choses ?

Mon défunt frère et moi, nous illustrons jusqu'à quel point la lecture différente de la Bible peut faire voir les choses de manière différente et peut amener du conflit. Nous avons grandi dans la même maison, la même église, et la même communauté. Nous étions presque jumeaux. Après le lycée, mon frère est allé à une école biblique où on lui enseignait à lire la Bible de manière plutôt littérale, dispensationnelle, et fondée sur le Christ transfiguré. Je suis allé à une université où j'ai appris à lire la Bible à partir d'une éthique fondée sur le Christ.

Mon frère et moi, nous sommes arrivés à des perspectives et des valeurs très différentes sur divers sujets. Par exemple, quand il y avait question de divorce, de législation sur les armes à feu ou sur le crime, l'immigration, et la guerre en Irak, mon frère tâchait d'appliquer les passages de l'Ancien Testament qui s'accordaient à ses convictions. Moi je cherchais à comprendre ces sujets par moyen de la vie, de l'enseignement, et de l'esprit de Jésus. Quand le sujet de la peine de mort s'est posé, mon frère l'afirma en se basant sur les textes de l'Ancien Testament

tels que : « Mais s'il y a une conséquence malheureuse, tu don-
neras vie pour vie, œil pour œil, dent pour dent » (Exode 21:23-
24). En attendant, je regardais le pardon que Jésus offrait à ceux
qui lui faisaient mal et me posais la question : « Y a-t-il jamais
une personne si mauvaise que Jésus dirait que cette personne
devrait être tuée ? »

Puisque mon frère avait adopté une approche dispensationaliste à la lecture de la Bible, nous avions aussi des différends
quant à la volonté de Dieu en Israël et en Palestine. Mon frère
concentrait son temps et son énergie sur les prophéties qui,
d'après lui, parlaient du rétablissement d'Israël avant le retour
du Christ. Or, moi, je me concentrais sur la première arrivée du
Christ et sur ce que dit son enseignement concernant l'importance d'offrir la compassion et la justice aux peuples maltraités
tels que les Palestiniens.

Heureusement, mon frère et moi, nous avons pu nous aimer
même si nous avions de grands doutes sur l'application de la
Bible faite par l'autre. Nous avons appris que si nous ne parta-
gions pas le même point de vue, nous pouvions tout de même
parlé à cœur ouvert. Trop d'autres échouent à cet égard.

Gayle Gerber Koontz, professeure de théologie et de déontologie à Anabaptist Mennonite Biblical Seminary, insiste que
les interprétations christocentriques de la Bible nous mènent
de la destruction violente des ennemis dans l'Ancien Testament jusqu'au commandement des Évangiles de traiter les ennemis avec amour. Cette approche change aussi la perspective
de certains que « les femmes sont simplement des biens. . . à
une éthique de la soumission mutuelle entre les époux et les
épouses chrétiens ».[10]

Qu'en est-il de l'autorité de la Bible ?

Bien que l'inspiration et la fiabilité de la Bible soient importantes, la question de son autorité est encore plus importante. Celui qui a l'autorité a le pouvoir du commandement. On donne l'autorité à la Bible quand on obéit à ses commandements, surtout aux commandements de Jésus.

Jésus termine son ministère par cette parole : « Tout pouvoir m'a été donné dans le ciel et sur la terre » (Matthieu 28:18). Nous accordons l'autorité à Jésus en le reconnaissant comme notre Seigneur et notre sauveur et en répondant à ses commandements et à ses vœux. Si nous accordons de l'autorité à toutes les Écritures, c'est en les interprétant et en leur obéissant à partir des paroles, de l'esprit, et de la nature de Jésus.

L'interprétation de la Bible à partir d'une éthique fondée sur le Christ est une autre façon d'affirmer que Jésus est Seigneur. Grace Holland, ancienne présidente du Brethren in Christ Board for World Missions (Comité des Frères en Christ pour la Mission Mondiale), l'explique ainsi : « Christ est à la tête de l'église, tenant toujours à cœur son bien. Il guidera notre compréhension de l'Écriture en faveur de son application convenable à notre époque ».[11]

Professeure de la Bible Michele Hershberger nous aide à dépasser la question du salut et de l'éthique dans l'interprétation biblique : « Il faut lire la Bible de l'optique missionnale. Dieu est et Dieu demeure missionnal. La Bible est l'histoire de Dieu qui entre en contact avec nous à maintes reprises ».[12] Ceci devient le plus clair en et à partir de Jésus Christ.

Qu'est-ce qui est essentiel au christianisme anabaptiste ?

Les anabaptistes ont beaucoup d'estime pour la Bible et encore plus d'estime pour Jésus. Bien plus que la Bible, Jésus est notre autorité ultime. L'auteur Shane Claiborne dit : « Nous croyons à la Parole de Dieu infaillible. Son nom est Jésus ! »[13]

Si les anabaptistes confirment l'inspiration et la fiabilité de l'Écriture, nous ne sommes pas des littéralistes rigides.[38] Il faut prendre au sérieux toutes les paroles écrites, mais il faut interpréter toute Écriture à partir de la nature de Jésus, qui est notre Seigneur. Il est important de lire la Bible d'une optique qui comprend à la fois l'esprit et l'éthique de Jésus. Nous croyons qu'il est nécessaire de maintenir la tension créatrice entre la Parole écrite et l'esprit de Jésus. Ceci s'oppose aux croyances de nombreux chrétiens qui interprètent la Bible d'une optique linéaire, dispensationnelle, ou fondée sur le Christ transfiguré.

Pourquoi dirions-nous qu'encore plus que la Bible, c'est Jésus qui est notre autorité suprême ? Le chapitre suivant nous aidera à comprendre ce que veut dire « Jésus est Seigneur ! »

Questions de réflexion et discussion

1. Quelle approche (la Bible linéaire, dispensationnelle, fondée sur le Christ transfiguré, ou bien à partir d'une éthique fondée sur le Christ) avez-vous employée pour lire la Bible ?

2. Quelles différences d'opinion entre les membres de votre famille ou de votre église pouvez-vous identifier qui ont à voir avec les lectures différentes ?

3. Réfléchissez aux contrastes suivants à l'égard de la foi chrétienne, qui proviennent de l'interprétation de la Bible :

De nombreux chrétiens focalisent sur :	Les chrétiens anabaptistes focalisent sur :
la Bible plutôt que Jésus comme notre ultime autorité.	Jésus plutôt que la Bible comme notre ultime autorité.
l'inspiration et l'autorité égales de toutes les Écritures.	l'inspiration mais pas l'autorité égale de toutes les Écritures.
le principe que l'Ancien Testament révèle la volonté de Dieu en ce qui concerne l'éthique sociale alors que le Nouveau Testament sert de guide à l'éthique personnelle.	le principe que Jésus, qui est la révélation la plus complète de Dieu et de la volonté de Dieu, sert de standard pour l'éthique sociale et pour l'éthique personnelle.
l'idée qu'il n'est pas toujours nécessaire que l'application corresponde à l'enseignement et à l'esprit de Jésus.	l'idée que l'application ne doit pas s'opposer à l'enseignement et à l'esprit de Jésus.

4. Que veut dire l'idée de maintenir une tension entre la Parole écrite et l'esprit de Jésus ? Pourriez-vous en donner un exemple ?

5. Comment devrait-on réconcilier les différences entre ce que dit Moïse sur l'adultère dans Deutéronome 22:22 et ce que dit Jésus dans Jean 8:1-11 ?

Jésus est Seigneur

*C'est aussi pourquoi Dieu l'a élevé à la plus haute place
et lui a donné le nom qui est au-dessus de tout nom afin
qu'au nom de Jésus chacun plie le genou dans le ciel, sur
la terre et sous la terre et que toute langue reconnaisse que
Jésus-Christ est le Seigneur, à la gloire de Dieu le Père.*
Philippiens 1:9-11

LES PREMIERS CHRÉTIENS APPROFONDIRENT LEUR connaissance de Jésus. Au début, ils le voyaient comme un rabbin ou un maître. Ils observaient que c'était un maître d'autorité extraordinaire. Par exemple, quand Jésus fit le Sermon sur la Montagne, « les foules restèrent frappées par son enseignement, car il enseignait avec autorité, et non comme leurs spécialistes de la loi » (Matthieu 7:28-29). Quand il mourut sur la croix, le centurion et ceux qui étaient là avec lui, s'exclamèrent : « Cet homme était vraiment le Fils de Dieu ! » (Matthieu 27:54).

Pendant les tours d'enseignement, les disciples observèrent que Jésus avait l'autorité de pardonner les péchés, de chasser les démons, de calmer une mer tempétueuse, et de confronter les changeurs de monnaie (Marc 2:10, 3:15, 4:39, 11:15-16). À la fin de son ministère, Jésus dit : « Tout pouvoir m'a été donné dans le ciel et sur la terre », et c'est de cette autorité qu'il exhorta ceux qui le suivaient : « Allez, faites de toutes les nations des disciples » (Matthieu 28:18-19).

Les gens étaient attirés à Jésus à cause de son autorité et aussi puisqu'il s'occupait d'eux comme un serviteur en faveur de leur bien-être. Alors que le monde séculier reconnaissait César comme seigneur et devait lui faire preuve de fidélité suprême, c'est au risque de leur vie que les apôtres osaient dire : « Jésus est Seigneur ». C'est lui qui était leur leader-serviteur.

Comment entend-on la souveraineté ?

Jésus offre cet enseignement clé : « Vous savez que les chefs des nations dominent sur elles et que les grands les tiennent sous leur pouvoir. Ce ne sera pas le cas au milieu de vous, mais si quelqu'un veut être grand parmi vous, il sera votre serviteur ; et si quelqu'un veut être le premier parmi vous, qu'il soit votre esclave. C'est ainsi que le Fils de l'homme est venu, non pour être servi, mais pour servir et donner sa vie en rançon pour beaucoup » (Matthieu 20:25-28).

Pourtant, au cours des siècles suivants les leaders de l'église ne suivirent pas les conseils de Jésus. Ils commencèrent à se regarder de haut et de traiter les autres de haut de la même manière qu'avaient fait les leaders séculiers. La hiérarchie de l'église devenait de plus en plus dominante, jusqu'au point où les gens disaient, en effet : « Le Pape est Seigneur ».

Martin Luther rejeta la direction autoritaire de L'Empire romain chrétien et à sa place développa la théologie de deux royaumes. D'après cette théologie, dans leur vie personnelle, les croyants sont appelés à la fidélité à Jésus comme Seigneur, mais dans leur vie publique ils sont appelés à la fidélité aux autorités séculières qui ont eu l'ordination de Dieu.

Les anabaptistes avaient une autre perspective sur les choses. Ils croyaient qu'à tout moment et en tout lieu les disciples de Jésus doivent porter leur allégeance suprême à Dieu sous forme de Jésus Christ. Ils doivent sans exception assumer la responsabilité personnelle pour leurs actions. Les disciples du Christ sont d'abord citoyens du royaume de Dieu, auquel ils ont un devoir d'allégeance suprême. Ils sont également citoyens du gouvernement séculier, qu'ils doivent respecter sans nécessairement lui obéir complètement. Jésus instruisit ses disciples : « Recherchez d'abord le royaume et la justice de Dieu » (Matthieu 6:33). Quand nous manquons de donner à Jésus et à son royaume notre allégeance suprême, il nous faut demander pardon.

Jésus devient Seigneur quand nous nous engageons à le suivre dans la vie quotidienne. Grâce à son exemple et à l'arrivée du Saint-Esprit, nous avons la capacité de réfléchir, de penser, et d'agir à sa manière. L'apôtre Pierre dit : « De fait, c'est à cela que vous avez été appelés, parce que Christ aussi a souffert pour nous, vous laissant un exemple afin que vous suiviez ses traces » (1 Pierre 2:21). Suivre les traces du Christ est le but de tout chrétien.

Jésus est-il à la fois Sauveur et Seigneur ?

Il y a de nombreux croyants qui prétendent suivre Jésus sans se soumettre complètement à lui. Tout en disant « J'ai accepté Jésus comme mon Sauveur », certains continuent à vivre plus ou moins comme ils vivaient auparavant à part les péchés qu'ils ont confessés. Même après le baptême ou la confirmation, il y a quelqu'un ou bien quelque chose qui dirige leur façon de vivre. En général, le fait qu'ils acceptent Jésus comme Sauveur signifie qu'ils ont demandé à Dieu de leur pardonner leurs mauvaises habitudes, pratiques, et péchés. Ils disent « Jésus est mon Sauveur », mais la souveraineté n'est que rajoutée.

Au lieu de dire, « Jésus est mon Sauveur et mon Seigneur », on ferait peut-être mieux de donner la première place à la souveraineté en disant : « Jésus est mon Seigneur et mon Sauveur ». Dans la perspective anabaptiste, la souveraineté est clé et devrait avoir la priorité. Le péché principal pour lequel on doit être pardonné et duquel on doit être délivré, c'est le péché de suivre d'autres seigneurs. Ce sont ces seigneurs et l'allégeance que nous leur portons qui nous font pécher. Le premier Commandement dit : « Tu n'auras pas d'autres dieux devant moi » (Exode 20:3). L'offense la plus grave des Israélites fut leur manque de plus grande allégeance ou d'allégeance suprême à Dieu. Ils vénéraient des idoles et suivaient les dieux de ceux qui les entouraient. Nous avons les mêmes tendances aujourd'hui.

Qui a l'autorité suprême sur notre vie ?

On pourrait dire qu'il y a trois forces qui cherchent à prétendre à l'autorité suprême. Ce sont l'allégeance à soi, les leaders séculiers, et Dieu révélé en Jésus Christ. Nous les examinerons après l'illustration.

Les forces qui prétendent à l'autorité suprême

Le soi comme autorité suprême

Les individus et les institutions sont créés pour le bien et pour les bons objectifs, mais ils ont tendance à devenir égoïstes et donc « déchus ». De cet état déchu, leurs efforts à dominer et à maîtriser plutôt qu'à servir deviennent égoïstes.

L'histoire de la Genèse nous raconte que Satan tenta Adam et Ève à croire qu'ils pouvaient devenir comme Dieu et à connaître indépendamment la différence entre le bien et le mal. Ceci n'était pas vrai. Jésus appelle Satan « le père du mensonge » (Jean 8:44). Son mensonge fondamental est l'idée que la vie est à son mieux quand toute personne et toute organisation est libre de faire ce qu'elle veut. La vérité, c'est que cette façon de vivre mène au désespoir, au chaos et à la mort.

Satan a parfois été marqué comme une brute qui, tout simplement de sa volonté, détruit les vies, les mariages, et les institutions. Serait-il possible que Satan croie vraiment que la vie est à son mieux quand chacun est libre de faire ce qui lui plaît sans tenir compte d'une plus grande autorité ? Enfin, c'est cette philosophie égoïste qui détruit les vies, les mariages, et les institutions.

Les êtres humains et les institutions égocentriques s'unissent pour former des systèmes dominants. Selon le théologien Walter Wink dans *The Powers That Be* (*Les pouvoirs en place*) : « Ces systèmes intéressés et dominants mènent à des relations économiques injustes, à des relations politiques opprimantes, à des relations raciales partiales, à des relations de genre patriarcales, à des relations de pouvoir hiérarchiques, ainsi qu'à l'emploi de la violence afin de maintenir tout cela ».[1] L'apôtre Paul se réfère aussi à ce type de système : « En effet, ce n'est pas contre l'homme que nous avons à lutter, mais contre les puissances, contre les autorités, contre les souverains de ce monde de ténèbres, contre les esprits du mal dans les lieux célestes » (Éphésiens 6:12). Il est encourageant de savoir que les croyants, remplis de l'esprit de Jésus, vivant en communauté, et s'engageant à la vie christique, sont capables de réussir la lutte contre les principautés et les pouvoirs pour vivre une nouvelle vie.

Les leaders ordonnés comme autorité suprême

Le premier et le plus grand désir de Dieu, c'est que tous les gens le suivent et vivent selon ses lois et ses principes moraux. C'est à nous de chercher d'abord son royaume ; cependant, ce n'est pas ce qui se passe tout naturellement. Les gens et les organisations ont tendance à vivre selon leurs besoins et désirs. C'est pour cela que Dieu a ordonné des leaders séculiers pour guider et contrôler ceux qui ne se soumettent pas au contrôle de Dieu. Ces autorités séculières sont ordonnées à créer l'ordre dans un monde déchu.

Les gens ont besoin d'obéir aux lois et à l'autorité les plus importantes qu'ils ne connaissent. Autrement, il en résultera du chaos. Pour la plupart des gens, l'autorité la plus importante est souvent un membre de la famille, un employeur, un leader religieux ou de la communauté, un général militaire, un premier ministre ou bien un président. Les chrétiens d'esprit anabaptiste s'encouragent à obéir à ces leaders dans la mesure où le discipulat chrétien le leur permettra.[2] L'obéissance aux leaders ordonnés mène à une société d'ordre et de droit.

La Bible nous commande de nous soumettre aux autorités du gouvernement que Dieu a mis en place. Ils ont une influence sur nous et sont là pour notre bien (voir Romains 13:1-7).

Or, bien que les leaders et les organisations soient là pour notre bien, ils sont trop souvent déchus. Tout comme les individus, ils chutent parce qu'ils deviennent égoïstes et abusent de leur pouvoir. Ils l'emploient à leurs propres fins ou bien nous mènent sur un chemin infructueux. Quand on suit des leaders intéressés, dictatoriaux ou corrompus, il en résulte souvent des problèmes importants et le chaos.

Jésus Christ comme autorité suprême

C'est la conviction des chrétiens d'esprit anabaptiste qu'ils peuvent mieux contribuer au droit, à l'ordre et à la paix dans ce monde s'ils obéissent à leur autorité la plus importante, c'est-à-dire à Jésus Christ, plutôt qu'aux autorités moins hautement placées. Ceci provient du pouvoir de l'amour qui transcende les lois humaines. C'est en suivant Jésus dans la vie quotidienne que les qualités et les relations du royaume de Dieu peuvent se réaliser « sur la terre comme au ciel » (Matthieu 6:10).

Quand on permet à Dieu de nous guider par le moyen de Jésus, on devient des personnes qui sont influencées et qui influencent les autres à penser, sentir, et agir avec amour à la manière de Jésus. L'apôtre Pierre nous rappelle ceci : « De fait, c'est à cela que vous avez été appelés, parce que Christ aussi a souffert pour nous, vous laissant un exemple afin que vous suiviez ses traces » (1 Pierre 2:21). Suivre les traces du Christ est le but et l'objet de tous les chrétiens. Cela a été et est toujours d'une importance particulière pour les chrétiens d'esprit anabaptiste.

Qui devrait recevoir notre allégeance suprême ?

La plupart des chrétiens vivent toujours sous la tension intrinsèque à la théologie de Luther. Selon sa théologie de deux royaumes, les gouvernements coercitifs de cette terre ont l'autorité la plus importante sur nos vies et nos actions. Par conséquent, les chrétiens continuent à obéir aux ordres des gouvernements même si ceux-ci sont en conflit avec la nature et l'esprit de Jésus. Ils obéissent à Jésus dans la vie personnelle mais obéissent à d'autres autorités dans leur vie publique. Par exemple, en des circonstances normales un chrétien ne prendrait jamais la vie d'un autre être humain. Toutefois, au service de l'armée en période de guerre et sous l'ordre d'un commandant militaire, un chrétien prendra la vie d'un autre être humain. Selon la théologie de deux royaumes de Luther, on suppose que c'est le gouvernement et pas l'individu qui sera tenu responsable pour avoir pris la vie de cette autre personne.

Les anabaptistes ne sont pas d'accord. Il faut obéir aux leaders ordonnés dans la mesure où le discipulat chrétien le permettra.[3] Il y aura des instances où il est nécessaire que les disciples fidèles au Christ désobéissent aux ordres qui sont à l'encontre de leur Seigneur suprême. L'apôtre Paul encourage les disciples du Christ de se soumettre aux autorités séculières. Mais se soumettre ne veut pas dire l'obéissance aveugle. « Se soumettre à » (Romains 13:1) des autorités séculières veut dire anticiper et accepter respectueusement les sanctions que les leaders puissent nous imposer quand nous n'obéissons pas à un ordre ou à une loi. Quand il y a un conflit entre la voie suprême de Jésus et les voies ordinaires de leaders séculiers, « Il faut obéir à Dieu plutôt qu'aux hommes » (Actes 5:29).

Quand j'étais pasteur d'une église mennonite dans le Minnesota, je vivais une tension entre l'obéissance à Jésus et l'obéissance au gouvernement séculier. Il y avait un bon nombre de nos membres qui étaient militaires. Ils avaient prêté leur allégeance au gouvernement et se portaient volontiers pour sacrifier leur vie pour leur pays. Il y avait beaucoup d'autres qui avaient servi leur pays par d'autres activités en tant qu'objecteurs de conscience. Si les membres des deux groupes étaient prêts à mourir pour leur pays, le deuxième groupe n'était pas prêt à tuer pour leur pays.

Comme on aurait pu prévoir, il y avait du conflit entre ces deux groupes. Quand le 4 juillet, fête de l'indépendance des États-Unis, tomba sur un dimanche, les membres de l'église étaient surpris quand je leur ai demandé de se lever pour prêter leur allégeance au drapeau des États-Unis. Puis je leur ai demandé de se retourner de 180 degrés pour prêter leur allégeance suprême à Jésus Christ. Là, il s'était écrit sur un grand écran les paroles : « Nous prêtons notre suprême allégeance à Jésus Christ et au royaume qu'il représente, royaume éternel qui offre l'amour, la justice et l'espoir à tous ».

Les deux groupes de l'assemblée se sont réunis par la reconnaissance qu'ils devaient leur allégeance ordinaire et leur respect au gouvernement national, mais qu'ils devaient leur allégeance suprême à Jésus Christ.

Qu'est-ce qui est essentiel au christianisme anabaptiste ?

Alors que beaucoup de chrétiens focalisent sur Jésus comme leur Sauveur, les anabaptistes cherchent à donner autant ou même plus de poids à la souveraineté de Jésus. La phrase « Jésus est Seigneur » est aussi importante que la phrase « Jésus est mon sauveur ». Jésus doit être le standard pour l'éthique et personnelle et sociale. « Jésus est Seigneur » est une déclaration courte mais essentielle de la foi chrétienne.

Si la Bible est notre ultime source d'information sur Dieu et sur sa volonté, nous interprétons la Bible à partir de l'esprit et de la nature de Jésus. C'est ainsi que Jésus devient notre autorité suprême. Par conséquent, les chrétiens peuvent mieux contribuer au droit, à l'ordre et à la paix dans ce monde en obéissant à Jésus Christ plutôt qu'aux autorités moins importantes.

En tant que disciples de Jésus, nous vivons la tension d'être citoyens du royaume de Dieu dirigé par Jésus et d'un pays séculier dirigé par des officiels élus et ordonnés. Malheureusement, il y a de nombreux chrétiens, dont beaucoup d'anabaptistes actuels, qui obéissent mieux à leurs leaders de cette terre qu'ils n'obéissent à Jésus Christ. Il est nécessaire que les disciples du Christ disent tous les jours et toutes les semaines que Jésus est Seigneur puis suivent cette déclaration par des actions convenables et joyeuses.

Les individus ont besoin de l'aide et du soutien pour vivre sous la souveraineté du Christ. Cette aide et ce soutien proviennent de leur engagement les uns aux autres dans la communauté. Les trois chapitres suivants examinent cette deuxième valeur fondamentale : la communauté est au centre de nos vies.

Questions de réflexion et de discussion

1. Qui ou quelles autorités cherchent à régner sur vous et sur votre vie ?

2. Réfléchissez aux contrastes suivants sur lesquels on insiste dans la foi chrétienne.

De nombreux chrétiens focalisent sur :	Les chrétiens anabaptistes focalisent sur :
l'acceptation de Jésus comme Seigneur et Sauveur.	l'acceptation de Jésus comme Seigneur et Sauveur.
l'obéissance aux leaders du gouvernement même si leurs ordres vont à l'encontre de l'enseignement et de l'esprit de Jésus.	la désobéissance aux ordres séculiers qui vont à l'encontre de l'enseignement et de l'esprit de Jésus.
l'évasion à tout prix de la déloyauté au gouvernement.	la préparation à la souffrance pour être suprêmement loyal à Jésus.
le principe que c'est le gouvernement plutôt qu'un soldat individuel qui assume la responsabilité morale pour la tuerie et la destruction qui ont lieu dans une guerre.	l'idée que l'application ne doit pas s'opposer à l'enseignement et à l'esprit de Jésus.

3. Que veut dire « obéir à l'autorité dans la mesure où le discipulat le permettra » ? Que le discipulat ne permet-il pas ?

4. Quelle est la différence entre l'expression « Jésus est mon Sauveur et mon Seigneur » et l'expression « Jésus est mon Seigneur et mon Sauveur » ?

Partie II

La communauté
est au centre
de nos vies

Le pardon est essentiel à la communauté

Soyez bons et pleins de compassion les uns envers les autres ; pardonnez-vous réciproquement comme Dieu nous a pardonné en Christ.
Éphésiens 4:32

LA DEUXIÈME VALEUR FONDAMENTALE DE LA FOI CHRÉtienne dans la perspective anabaptiste, c'est « La communauté est au centre de nos vies ». Selon Roberta Hestenes, professeure, pasteure, et présidente d'université : « La vraie communauté commence par Dieu. Notre Dieu, qui vit en communauté comme Père, Fils, et Saint-Esprit, veut que nous aussi nous vivions la joie d'une communauté proche » ![1]

Dans les trois chapitres suivants, j'examine la notion de la communauté chrétienne et ce qu'il faut pour la réaliser. Ce chapitre traite surtout du pardon vertical (de Dieu) nécessaire au

salut et du pardon horizontal (d'autrui) nécessaire à la communauté. Le chapitre 5 examine ce que c'est que donner et recevoir
des conseils, et le chapitre 6 décrit l'organisation possible de
l'église afin que les membres vivent pleinement un sens de la
communauté.

Qu'est-ce que le pardon vertical ?

Le pardon vertical est le pardon qui vient de Dieu. On peut
l'illustrer par la planche verticale de la croix. Dès le commencement du temps, les êtres humains ont ressenti le besoin de
recevoir le pardon de Dieu. Adam et Ève avaient besoin du pardon pour leur désobéissance dans le jardin d'Éden. Leur fils
aîné, Caïn, avait besoin du pardon pour le meurtre de son frère
Abel. Les enfants d'Israël avaient besoin du pardon pour leur
déloyauté et idolâtrie. Après avoir commis un adultère, le roi
David crie : « O Dieu, fais-moi grâce conformément à ta bonté !
Conformément à ta grande compassion, efface mes transgres-
sions ! Lave-moi complètement de ma faute et purifie-moi de
mon péché » (Psaume 51:1-2).

Le pardon vertical

Chaque fois que les êtres humains désobéissent à Dieu, la repentance et le pardon vertical sont nécessaires. Le pardon vertical est la manière par laquelle Dieu nous aide à surmonter l'aliénation, la culpabilité, la peur et la honte qui résultent du péché. C'est un don qui restaure la relation avec Dieu, le bon amour-propre et la confiance en l'avenir.

En examinant l'histoire de l'église, on trouve quatre systèmes ou visions qui ont été employés pour assurer les croyants que Dieu leur pardonne. Elles sont représentées dans l'illustration.

Quatre visions du pardon

La première vision du pardon est basée sur le système sacrificiel de l'Ancien Testament. Les sacrifices permettaient aux gens de régler leur culpabilité et leur honte pour les méfaits et l'aliénation de Dieu qui en résultent. Les lois que Dieu donna aux Israélites par l'intermédiaire de Moïse requièrent des sacrifices comme paiement pour les péchés. Les gens devaient tuer ou envoyer dans le désert un mouton ou un taureau en geste symbolique du raccord des pensées et d'actions offensives (voir Lévitique 1 à 17).

La vision sacrificielle tient que les sacrifices de l'Ancien Testament annoncent le seul sacrifice parfait de Jésus pour les péchés du monde. Elle voit Jésus comme l'Agneau de Pâques qui, à cause de son grande mérite, a pu payer la pénalité pour tous les péchés du monde (voir 1 Corinthiens 5:7 et Hébreux 9:13-10:10).

Si la plupart des chrétiens anabaptistes ont accepté cette vision du paiement du péché par un Dieu saint, ils posent aussi des questions sur les raisons pour lesquelles un Dieu d'amour obligerait son fils unique à souffrir une mort terrible afin d'amener la réconciliation. Nous sommes ouverts à de multiples visions du pardon et de l'expiation.

La vision sacramentelle du pardon

Le système sacramentel du pardon émergea à partir d'Augustin et de l'église médiévale. Les gens développèrent l'idée qu'ils trouveraient le pardon de Dieu par moyen des rites ou de rituels religieux appelés des sacrements. Au fil du temps, on adopta sept sacrements : le baptême, la confirmation, l'eucharistie, la pénitence, l'ordination, le mariage, et l'extrême onction. On pensait que ces sacrements avaient été donnés à l'église comme signes de la grâce de Dieu. La confession véritable ou le remords du péché étaient parfois assez superficiels. De nombreux personnes parvinrent à croire que ces pratiques en soi amenaient le soulagement et le pardon à leur vie.

Puisqu'on croyait au péché originel, l'église médiévale commença à baptiser les enfants afin de leur ôter ce péché hérité. À cause de la persistance des péchés, on répéta maintes fois l'eucharistie, qui représentait le sacrifice, de la même manière qu'on répéta maintes fois les sacrifices de l'Ancien Testament. L'extrême onction était offerte à ceux qui mouraient, et on adressait des prières à Marie et aux saints afin que ceux qui se trouvaient au purgatoire puissent être pardonnés du restant du péché et permis d'entrer plus rapidement au ciel.

Il y a de nombreux chrétiens aujourd'hui qui continuent à croire que les sacrements sont un moyen pour recevoir le pardon ou bien un symbole de l'offre du pardon des péchés faite par Dieu. Si les anabaptistes respectent ceux qui ont une vision sacramentelle du pardon, celle-ci n'est pas la leur.

Une vision du pardon par la justification par la foi

La justification par la foi se base surtout sur les paroles de Paul aux Éphésiens :

« En effet, c'est par la grâce que vous êtes sauvés, par le moyen de la foi. Et cela ne vient pas de vous, c'est le don de Dieu. Ce n'est pas par les œuvres, afin que personne ne puisse se vanter » (Éphésiens 2:8-9). Comme moine, Martin Luther avait cherché le pardon personnel par la prière profonde, par les actes de pénitence et par les sacrements, mais tout cela était en vain. Il tira la conclusion que le pardon et le salut ne se produisent pas par de telles œuvres. Tout ce qu'il faut faire pour être justifié devant Dieu, c'est avoir foi en la grâce de Dieu. Le salut du péché est l'œuvre de Dieu. Il arrive par la foi seule, et il n'y a rien qu'une personne puisse faire.

L'apôtre Paul soutient cette perspective quand il cite Habakuk 2:4 : « Le juste vivra par la foi » (Romains 1:17). La doctrine de « la justification par la foi » sépara les protestants des catholiques pendant la Réforme.

Selon le système de justification par la foi, ceux qui ont foi en ce qu'a fait Jésus sur la croix auront le pardon de leurs péchés et seront rendus justes devant Dieu. Quand quelqu'un met sa foi en la mort sacrificielle du Christ, Dieu déclare gracieusement que cette personne est « juste » et libérée, même si la repentance sérieuse et le changement de cœur soient minimes.

La justification est un terme juridique qui signifie qu'une personne qui est coupable d'un crime sur le plan technique est jugée comme innocente par le tribunal à cause des circonstances atténuantes. Par exemple, un tribunal peut juger qu'une personne est justifiée pour avoir dépassé la limite de vitesse si la personne fonçait pour amener à l'hôpital une femme sur le point d'accoucher. Ceux qui adhèrent à cette vision du pardon pensent que la mort sacrificielle de Jésus Christ est une circonstance atténuante ou insolite qui justifie le pécheur devant Dieu. On comprend la mort du Christ sur la croix comme le paiement de la pénalité du péché de la personne. L'individu est ainsi justifié et admis dans la présence de Dieu.

Pour décrire cette vision du pardon et du salut, certains disent que si une personne repentante croit à ce que Dieu a fait en Christ, le sang du Christ couvre ou lave la trace du péché de cette personne et la remplace par la rectitude du Christ. C'est comme si Dieu voyait cette personne sans péché (voir 1 Jean 1:9).

Selon cette vision, la nature d'une personne n'évolue pas. C'est par sa nature que la personne reste pécheresse. Il est prévu que la personne continuera à pécher et aura besoin de demander le pardon à maintes reprises. Vivre correctement ou être obéissant à Jésus dans la vie quotidienne n'a pas de rapport avec l'évaluation que Dieu fait d'une personne.

Notre famille observa un exemple de cela chez un ami qui avait été baptisé comme enfant et confirmé comme adolescent. Il devint leader d'un groupe de jeunes et répétait régulièrement des mots de confession et des paroles d'assurance du pardon pendant le culte. Mais sa foi ne semblait rien changer à sa façon de vivre pendant la semaine. Son témoignage se résume ainsi : « Je ne suis pas différent ; c'est juste que je suis pardonné ».

Les anabaptistes préviennent que se fier à la justification par la foi seule peut minimiser tout changement de la vie et du comportement d'une personne. Cela souligne le changement de l'attitude et des actions de Dieu envers nous plutôt que sur le changement de nos attitudes et actions envers Dieu et autrui. Dietrich Bonhoeffer appelle cela « la grâce au bon marché ». Selon lui, « La grâce au bon marché, c'est le message du pardon sans condition de repentance, le baptême sans obéissance, la communion sans confession, l'absolution sans discipulat, et la grâce sans croix ».[2]

La vision transformationnelle du pardon

Les premiers anabaptistes n'avaient pas foi en des sacrifices ou en des sacrements et ne parlaient pas de justification par la foi. En réfléchissant à la vie, à l'enseignement, à la mort et à la résurrection de Jésus, ils parvinrent à comprendre que le pardon et le salut passent par la repentance sincère et une nouvelle ouverture envers Jésus Christ. Ils pensaient et avaient l'expérience que la nature d'une personne peut être changée de celle d'un pécheur qui pèche sans cesse à celle d'un saint dynamisé par le Saint-Esprit à vivre de manière neuve et transformée. Certes, la personne pèche encore de temps en temps, mais pécher s'oppose à la nouvelle nature de la personne.

Les premiers anabaptistes s'intéressaient beaucoup aux paroles de Jésus à Nicodème : « En vérité, en vérité, je te le dis, à moins de naître de nouveau, personne ne peut voir le royaume de Dieu » (Jean 3:3). Ils comprenaient la confession, le pardon, et l'obéissance joyeuse comme les moyens par lesquels Dieu transforme une nature à une autre. De même que le métamorphisme dans la nature, une vie transformée indique que la nature d'une personne a été changée.

« Naître de nouveau » signifiait un nouveau départ. Les premiers anabaptistes croyaient que la vie repart quand une personne se retourne des anciennes loyautés, ouvre sa vie au

Saint-Esprit et commence à vivre en obéissant à Jésus Christ. Selon l'apôtre Paul, quand une personne entre en relation avec Jésus, « les choses anciennes » (les pensées, les attitudes, les actions, les relations) « passèrent » et toutes choses (les pensées, les attitudes, les actions, les relations) « devinrent nouvelles » (2 Corinthiens 5:17). Ceci s'applique aux individus ainsi qu'à l'église.

Toute perspective du salut comprend la confession et le pardon. Les chrétiens anabaptistes focalisent sur la transformation qui a lieu à partir de la confession, du pardon et de nouvelles relations. Ils croient qu'une saine relation verticale avec Dieu entraîne une vie transformée et fructueuse. Une telle vie s'accomplit le mieux par la repentance sincère du péché et par la suivance obéissante et remplie de l'esprit de Jésus dans la vie quotidienne.

Qu'est-ce que le pardon horizontal ?

Le pardon horizontal peut être illustré par la planche latérale de la croix.

Le pardon horizontal

Si le pardon vertical entre une personne et Dieu est essentiel au salut, en fait Jésus avait plus à dire sur le pardon horizontal, c'est-à-dire, sur le pardon qui se déroule entre les êtres humains. Par exemple, Jésus dit à ses disciples : « Si donc tu présentes ton offrande vers l'autel et que là tu te souviennes que ton frère a quelque chose contre toi, laisse ton offrande devant l'autel et va d'abord te réconcilier avec ton frère, puis viens présenter ton offrande » (Matthieu 5:23-24). Il dit aussi : « Si vous pardonnez aux hommes leurs fautes, votre Père céleste vous pardonnera aussi ; mais si vous ne pardonnez pas aux hommes, votre Père ne vous pardonnera pas non plus vos fautes » (Matthieu 6:14-15).

Alors que de nombreux chrétiens insistaient sur la confession des péchés à Dieu et sur la réception du pardon divin vertical, les premiers anabaptistes soulignèrent aussi l'importance de la confession des offenses les uns aux autres et la réception du pardon humain horizontal.

Les premiers anabaptistes citaient souvent Romains 12:2 : « Ne vous conformez pas au monde actuel, mais soyez transformés par le renouvellement de l'intelligence ».

Ils s'attendaient à ce que tous les membres, dont surtout les leaders, mènent une vie sainte. Pour eux, l'église se composait des gens qui gardaient leur vie pure. Quand ils décelaient le péché et la désobéissance, il fallait le confesser et le régler. Ils auraient été d'accord avec Martin Luther King Jr., qui dit : « Le pardon n'est pas un acte occasionnel. C'est une attitude constante ».[3]

Comment réalise-t-on le pardon horizontal ?

Tout comme le pardon vertical entre Dieu et un individu requiert la confession ou la repentance, le pardon horizontal demande aussi la confession ou la repentance. Nous parvenons à de bonnes relations avec Dieu et avec autrui par moyen de la confession et du pardon.

Afin que le vrai pardon se réalise, il faut qu'une personne admette avoir fait du tort à une autre personne par ce qui a été dit, fait, ou même ressenti. La personne qui confesse doit s'approcher de l'individu à qui elle a causé du tort et lui demander le pardon. D'habitude, c'est cette interaction qui représente le point tournant dans la réparation d'une relation brisée. Elle ramène la paix et la guérison au conflit et aide les personnes concernées à voir plus clairement et à se comporter avec plus de chaleur. Une telle confession ainsi que la nouvelle vie est essentielle à l'existence d'une communauté saine. Elle permet aux participants de lâcher prise des émotions et des désirs négatifs. Le pardon est nécessaire pour la vraie communauté.

L'évangile proclamé par Jésus et auquel il encouragea ses disciples de donner la priorité est la bonne nouvelle de l'arrivée du royaume (voir Marc 1:14, Luc 9:2). C'est dans ce royaume qu'il y a les relations pardonnées avec Dieu et avec autrui. Les relations humaines ne sont pas possibles sans la bonne communication. C'est le désir profond de Jésus que ses disciples « soient un comme nous sommes un » (Jean 17:22).

Le besoin de la confession et du pardon horizontal devint évident au début de mon premier pastorat. J'ai vite découvert que Vernon, président de l'assemblée, et Jean, président des anciens (je change leurs prénoms), ne se parlaient pas. Lors d'une réunion de l'assemblée, Vernon avait offusqué Jean en traitant de « stupide » une suggestion qu'il avait faite. Alors que tous les deux, Vernon et Jean, avaient une relation verticale avec Dieu, ils n'avaient pas en ce moment une relation horizontale l'un avec l'autre. Les tensions et leur fuite l'un de l'autre commencèrent à toucher toute l'assemblée.

Dans de telles situations, Jésus offre ces conseils : « Si ton frère a péché [contre toi], va et reprends-le seul à seul. S'il t'écoute, tu as gagné ton frère » (Matthieu 18:15). Or, Vernon et John étaient trop timides ou bien trop têtus pour faire cela.

John, l'ancien, partagea avec moi jusqu'à quel point il avait été peiné et gêné par la remarque acerbe à propos de sa suggestion. Quand j'en ai parlé à Vernon, il nia l'idée qu'il voulait faire du mal. Une percée s'est produite en amenant Vernon et John ensemble tel que Jésus l'enseigne afin qu'ils se parlent face-à-face. À la réunion, j'encourageai John à partager ouvertement sa peine et Vernon à bien écouter. En entendant John, Vernon commença à se rendre compte du mal réel qu'il avait causé. Dans un esprit de repentance, il regarda John dans les yeux et dit : « John, je me rends compte que je t'ai blessé non seulement par ce que j'ai dit mais aussi par ma façon de le dire. Tu me pardonneras ? » Après une pause pénible, John étendit la main et dit : « Je te pardonne ». Le dimanche suivant, on vit que les deux hommes se parlaient dans le hall d'entrée. L'acte du pardon horizontal restaura le sens de la communauté non seulement à Vernon et à John mais aussi à toute l'assemblée.

April Yamasaki, première pasteure d'Emmanuel Mennonite Church à Abbotsford, Colombie Britannique, dit : « À partir de l'Écriture et de notre propre expérience, nous savons que les relations sont importantes. Partout où je vois, il y a tant de relations brisées. . . Les relations peuvent être du boulot. . . C'est pourquoi l'église est importante—pas comme une institution religieuse ou un endroit où l'on va tous les dimanches ; pas parce qu'elle est parfaite, car elle ne l'est pas ; pas parce que vous ne serez jamais blessé, car vous le serez sans doute. Les vraies églises ont de vrais problèmes et des angles morts, et partout où il y a des gens il y a aussi ce qui est brisé. Mais la vraie église signifie aussi une relation réelle avec Dieu et avec autrui ».[4]

Qu'est-ce qui se passe dans le pardon horizontal ?

Il y a plusieurs types du pardon. *Le pardon transactionnel* se produit quand un ou une coupable admet sa faute et reçoit le pardon de la personne offensée. On l'appelle le pardon transactionnel parce qu'*une transaction* a lieu entre le ou la coupable et la personne offensée. Le pardon libère la personne de ce qu'elle devait payer et de la culpabilité et de la honte qui y sont liées.

Dans le livre *The Peacemaker* (*L'Artisan de la paix*) Ken Sande dit : « Le vrai pardon communiquera silencieusement ou d'une autre manière les quatre promesses suivantes :

- ' Je promets de ne plus penser à cet incident '.
- ' Je promets de ne pas utiliser cette offense contre vous '.
- ' Je promets de ne pas parler de cet incident aux autres '.
- ' Je promets de ne pas permettre à cet incident de faire obstacle à nos relations personnelles ' ».[5]

Le pardon positionnel se produit quand un ou une coupable refuse d'admettre ce qu'il ou qu'elle a dit, a fait ou a ressenti. Quand il n'y a pas d'admission, une transaction n'est pas possible. Pourtant, pour le pardon positionnel, la personne offensée continue à avoir une attitude ou une position de pardon envers le ou la coupable.

Jésus pratiqua ce genre de pardon par sa prière sur la croix : « Père, pardonne-leur, car ils ne savent pas ce qu'ils font » (Luc 23:34). Il était prêt à pardonner ceux qui péchaient contre lui même s'ils n'avaient pas admis leurs méfaits.[6] David Augsburger, professeur de thérapie, appelle ce genre de pardon le *pleuredon (forgrieving* en anglais). C'est parce que la personne offensée *pleure* le manque de transaction et donc de restauration des relations malgré sa disposition à pardonner.[7]

Le pardon positionnel bénéficie à la personne offensée. Il aide cette personne à surmonter la colère et la peine intérieures qui pourraient provoquer d'autres problèmes affectifs. Un exemple de cela émergea clairement le 2 octobre 2006 quand Charles Carl Roberts entra dans une école à classe unique dans la communauté de Nickel Mines, Pennsylvanie, et tira sur dix jeunes filles parmi lesquelles cinq moururent, puis se suicida dans l'école. La communauté amish avait une attitude de pardon envers le tireur et sa famille. Cette réponse inhabituelle défraya la chronique des médias nationaux. Il y a beaucoup de gens qui remarquèrent que les Amish ne s'attendent pas à ce que la vie soit juste. Quand les choses déraillent, ils ont déjà une attitude de pardon, de sorte que le problème n'a pas l'occasion de se développer en une histoire de ressentiment.[8]

Les propriétaires d'un petit magasin amish offrent encore un exemple du pardon positionnel. Ils ont affiché une pancarte sur un rayon d'objets fragiles : « Si vous le cassez, veuillez nous le dire pour que nous puissions vous pardonner ».[9]

Que signifie la croix ?

La croix est un symbole universel du pardon. Pour les premiers chrétiens, la croix symbolisait le sacrifice du Christ pour payer les péchés du monde, mais elle symbolisait bien plus aussi. Elle symbolisait le mode de vie du Christ et le prix de ce mode de vie. Jésus dit à ses disciples : « Si quelqu'un veut être mon disciple, qu'il renonce à lui-même, qu'il se charge de sa croix et qu'il me suive ! En effet, celui qui voudra sauver sa vie la perdra, mais celui qui la perdra à cause de moi la retrouvera » (Matthieu 16:24-25).

La croix comme symbole

Quand la plupart des chrétiens participent à l'eucharistie, ils focalisent sur le pardon vertical de Dieu et sur le paiement de leurs péchés par la mort du Christ. La communion devient une expérience plutôt sombre. Si les chrétiens anabaptistes font la communion en souvenir de la mort du Christ, beaucoup parmi eux la considèrent aussi comme un repas en commun pour célébrer le fait qu'ils ont été pardonnés non seulement par Dieu, mais aussi par ceux qui participent avec eux à la communion. Au lieu de se souvenir de la lourdeur de la mort du Christ, il y a une célébration joyeuse à cause de la communauté pardonnée qui existe.

Qu'est-ce qui est essentiel au christianisme anabaptiste ?

Les croyants de perspective anabaptiste reconnaissent que le pardon vertical de Dieu est essentiel au salut et que le pardon horizontal l'un de l'autre est essentiel à la communauté. Si les chrétiens ont depuis longtemps focalisé sur le pardon de Dieu, un équilibre crucial entre le pardon vertical et le pardon horizontal est nécessaire pour permettre aux disciples du Christ d'avoir des relations saines et ouvertes avec Dieu et avec autrui. Et les relations saines sont au cœur du royaume de Dieu et de la foi chrétienne !

Qu'y a-t-il d'autre pour une communauté saine ? Dans le chapitre suivant nous examinons le discernement de la volonté de Dieu à partir de donner et de recevoir des conseils dans le corps du Christ.

Questions de réflexion et de discussion

1. Lequel des quatre visions du pardon vertical—sacrificielle, sacramentelle, justification par la foi, ou transformation-nelle—avez-vous surtout connu ?

2. Est-ce que vous trouvez importantes les relations horizon-tales fortes dans votre famille et dans votre assemblée ? Comment pourraient-elles se renforcer ?

3. Réfléchissez aux contrastes suivants qu'on vit dans la foi chrétienne.

De nombreux chrétiens focalisent sur :	Les chrétiens anabaptistes focalisent sur :
le pardon vertical.	le pardon horizontal.
le pardon à partir des sacrifices, des sacrements ou des deux.	la transformation par la foi, la confession et l'obéissance joyeuse.
la justification par la foi seule.	la repentance sérieuse.
la confession du péché dans le culte.	la confession après avoir péché.

4. Quelle relation brisée avez-vous vécue ? Pourquoi est-il si difficile d'admettre sa culpabilité et de demander le pardon ?

5. Est-ce que vous ou votre famille a dû faire appel à un tiers pour servir d'intermédiaire afin de vous aider à arriver à une admission franche et au pardon ?

Le discernement de la volonté de Dieu en communauté

*Soyez transformés par le renouvellement de l'intelligence
afin de discerner quelle est la volonté de Dieu.*
Romains 12:2

CONNAÎTRE LA VOLONTÉ DE DIEU : VOILÀ UN DÉFI UNIVERsel pour les croyants. Il vaut toujours mieux faire la volonté de Dieu, mais comment la discernons-nous ? Dans ce chapitre, nous examinons les interactions en communauté employées par les premiers chrétiens afin de discerner la volonté de Dieu, puis nous considérons comment certains chrétiens anabaptistes de nos jours cherchent à discerner la volonté de Dieu en donnant et en recevant des conseils, surtout dans le contexte de la prédication, de l'enseignement et du dialogue.

Comment les premiers chrétiens discernèrent-ils la volonté de Dieu ?

Jésus était clair que son royaume n'allait pas être de type dictatorial. Les Évangiles sont remplis d'exemples des questions que Jésus et ses disciples se posaient telles que : « Lequel de ces trois te semble avoir été le prochain ? » (Luc 10:36) ; « Que dois-je faire pour hériter de la vie éternelle ? » (Luc 10:25) ; et « Qui suis-je, d'après les hommes ? » (Marc 8:27). Chaque question offre à Jésus et à la communauté de disciples une excellente occasion pour donner et pour recevoir des conseils.

À cause de la nature même de l'église, le peuple de Dieu est appelé à être un groupe de personnes qui discernent. Dans Actes 15, il y a une histoire de l'assemblée de la première église à la Conférence de Jérusalem. À partir des comptes-rendus du champ, c'est en donnant et recevant des conseils qu'on arriva à une décision sur le traitement des chrétiens du milieu non-juif.

Mais depuis Constantin, la direction de l'église prit un style dictatorial. Les prêtres, les évêques, les cardinaux et les papes créaient de nombreuses règles pour régler la vie de l'église. On punissait les coupables d'un châtiment sévère. Ce système dictatorial continua jusqu'à la Réforme Protestante du seizième siècle quand Martin Luther se sépara de ce style descendant. Il croyait que les gens pouvaient connaître la volonté de Dieu par l'étude biblique privée et par la prédication.

Les premiers anabaptistes développèrent des dispositions pour discerner la volonté de Dieu ensemble en communauté. Même aujourd'hui, quand il y a de nouveaux croyants qui veulent adhérer à une assemblée anabaptiste, on leur demande d'habitude : « Acceptez-vous de donner et de recevoir des conseils ? » Cette question est clé, car elle signale comment la personne va fonctionner non seulement à l'église mais aussi dans d'autres domaines de la vie. En promettant de donner et de recevoir des conseils, les membres admettent avoir besoin les uns des autres pour discerner et pour accomplir la volonté de Dieu.

Au début de l'anabaptisme, il y avait beaucoup de discernement lors des réunions chez les membres. Par exemple, Menno Simons passa plusieurs années à circuler d'une église au foyer à l'autre pour débattre les principes fondamentaux de la pensée anabaptiste.

Malgré les ordres du Christ de ne pas faire comme les chefs non-juifs qui « traitaient de haut » leurs sujets, il y a beaucoup de chrétiens aujourd'hui qui choisissent des églises dans lesquelles un pasteur autoritaire leur dit ce qu'il faut penser et ce qu'il faut faire. Dans cette approche, il n'y a pas assez de respect pour les dons, les capacités et les idées des membres. Les membres simples restent à l'extérieur de toute étude et de tout discernement, ce qui peut mener à un manque d'intérêt à la Bible et à l'incapacité des membres de s'aider à discerner les questions fondamentales. Il y a aussi le danger que les leaders autoritaires, manquant de responsabilité envers un groupe discernant, détournent leurs membres du droit chemin.

Qu'est-ce qu'une communauté herméneutique ?

Au départ, Martin Luther pensait que n'importe quel chrétien pourrait discerner la volonté de Dieu tout simplement en lisant la Bible et en s'ouvrant à l'aide du Saint-Esprit. Il aurait dit une fois : « Tout jeune berger derrière la brousse avec le Saint-Esprit peut mieux interpréter les Écritures que le pape ».

Cette approche libérale permettait à chaque personne de chercher dans la Bible et d'arriver à une conclusion personnelle sur le sens et l'application. Luther découvrit très tôt que les individus, y compris les pasteurs, qui étudiaient et qui interprétaient la Bible, arrivaient trop souvent à une fausse compréhension trompeuse.

Les premiers leaders anabaptistes avaient beaucoup de respect pour la Bible et l'étudiaient soigneusement seuls et ensemble. Ils pensaient qu'au lieu de compter sur des experts, c'étaient les croyants guidés par l'Esprit et qui étudiaient ensemble qui étaient les mieux situés pour comprendre le sens et l'application d'une Écriture pour une situation et un contexte particulier. On appelle parfois un tel groupe une communauté *herméneutique*, ou d'interprétation.

Par moyen du discernement en communauté, les gens de la foi arrivent à comprendre de manière collective la volonté de Dieu pour une situation précise. Si les érudits interprètent la Bible en termes généraux, les anabaptistes croient que les personnes guidées par l'Esprit qui connaissent la vie et le travail les uns des autres peuvent comprendre et interpréter le mieux une Écriture pour leur situation.

Les premiers anabaptistes encourageaient courageusement la liberté de la pensée et de la pratique religieuse. Grâce aux visites interactives, aux lettres, aux dépliants et aux comités, ils donnaient et recevaient des conseils qui les aidaient à vivre leur foi pendant les périodes de persécution. Le fait qu'ils focalisaient sur la communauté aida les individus à éviter l'isolation de la pensée et un style dictatorial pour prendre des décisions. D'importance notable est le consensus de groupe auquel on arrive à partir des présentations et du dialogue à la Conférence de Schleitheim en 1527.[1] C'est en prenant au sérieux la Bible, Jésus, le Saint-Esprit et les uns les autres que les leaders parviennent au consensus sur sept sujets : le baptême, la discipline, la Sainte Cène, la séparation du monde, les bergers (c'est-à-dire, les pasteurs), la non-résistance, et le serment.

Comment discerner la volonté de Dieu par la prédication ?

L'histoire et l'expérience nous montrent qu'une église saine a besoin d'équilibrer trois formes de communication afin de discerner convenablement la volonté de Dieu. S'il en manque une de ces trois, ou bien si donner et recevoir les conseils n'en font pas partie, il y a une absence dans le processus de discernement. Les trois formes de communication sont *la prédication, l'enseignement* et *le dialogue.*

La prédication a pour premier objectif d'inspirer ceux qui écoutent et de les appeler à l'engagement. Ceci se fait normalement sous forme de monologue fait par un individu à un groupe comme représenté dans le diagramme.

Le discernement par la prédication

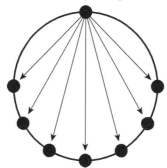

Jésus commença son ministère par la prédication. Pendant sa vie sur la terre, il a fait beaucoup de tours de prédication à travers les régions de Galilée et de Judée, inspirant de grandes foules et appelant les gens à s'engager au royaume de Dieu. Maintes fois Jésus utilisa la prédication et la narration orale pour proclamer les qualités du royaume de Dieu. C'était dans le contexte des relations du royaume qu'on pouvait discerner la volonté de Dieu.

Les apôtres continuèrent la pratique de la prédication. Grâce à une communication devant une grande foule le jour de la Pentecôte, Pierre inspira et invita beaucoup de gens à s'engager. Ce jour, il y eut trois milles personnes qui répondirent à cette invitation ! C'est plus tard que le Saint-Esprit « mit à part » Paul et Barnabas pour amener le message du Christ au monde non-juif (voir Actes 2:41 et 13:2). Après, Paul prêcha partout dans le monde connu, inspirant les juifs et les non-juifs par le message de Jésus et les invitant à suivre un nouveau maître.

La prédication fit aussi partie du caractère des premiers anabaptistes. On choisit des membres des assemblées pour prêcher. Il y avait souvent une équipe ou un « banc » de prédicateurs qui étaient prêts à prêcher à tout moment que l'occasion se présentât. Bien que la prédication était le domaine des hommes à cette époque, les femmes s'activaient aussi à partager leur foi. Un tiers des martyres connus étaient des femmes.

Les premiers anabaptistes prêchaient avec passion. Par exemple, Hans Hut, qui inspirait les autres par sa prédication, attirait de grandes foules et invitait les auditeurs à s'engager. On dit qu'il baptisa plus de cinq milles nouveaux croyants au cours de son ministère. D'autres en baptisèrent même plus.

Parfois critiquée, la prédication est tout de même une forme de communication nécessaire qui aide les gens à discerner la volonté de Dieu. Malheureusement, quand le ministère de l'enseignement d'une église est faible, les pasteurs ont tendance à enseigner plutôt qu'à prêcher. Par conséquent, les sermons peuvent manquer d'inspiration et d'invitation aux auditeurs. Il n'y a pas de substitut pour la prédication biblique solide qui inspire et qui invite à l'engagement !

Comment les pasteurs savent-ils ce qu'il faut prêcher ?

Les sermons des premiers pasteurs anabaptistes émergèrent de leur étude personnelle de la Bible et de leurs interactions ordinaires avec les membres de l'église et de la communauté. Tout naturellement, cela aurait compris le fait de donner et de recevoir des conseils et des idées.

Comment tout cela se passe-t-il aujourd'hui ? Quand j'étais pasteur de Calvary Mennonite Church à Aurora, dans l'Oré-gon, j'ai vécu un processus de discernement utile qui compre-nait cet échange des conseils. Le lundi et le mardi matins, je faisais une étude privée et exégétique d'un passage de la Bible sur lequel j'allais faire une prédication le dimanche suivant. Le mercredi matin, il y avait trois ou quatre membres de l'assem-blée qui me retrouvaient à la bibliothèque de l'église pour lire le passage et débattre de son sens pour notre communauté tout en prenant un café. C'est à partir de cet échange que j'ai eu beaucoup d'aperçus sur l'application du passage biblique aux situations et aux besoins pratiques au sein de notre église et de notre communauté.

Le Point Grey Inter-Mennonite Fellowship de Vancouver, en Colombie-Britannique, a adopté une habitude qui était cou-rante parmi les premiers anabaptistes. Tout de suite après la prédication, le coordinateur du culte invite les membres à faire des remarques, à poser des questions ou à partager d'autres idées sur le point principal du sermon. Cet échange de conseils pousse les prédicateurs à plus de précision et les membres de l'assemblée à une écoute plus attentive.

Il y a beaucoup d'assemblées florissantes dans lesquelles le prédicateur prépare une esquisse de discussion basée sur le sermon pour être utilisée en petits groupes pendant la se-maine. Cette pratique encourage les prédicateurs à dépasser l'interprétation du texte afin de s'orienter plus vers son application. Les membres de Meserete Kristos Church d'Éthiopie croient que cette pratique est clé à leur accroissement rapide ainsi qu'à leur réputation d'être une église « d'enseignement biblique ».

Certains pasteurs gèrent une classe, une discussion de groupe, ou un forum public après le culte. D'autres invitent les fidèles à avancer après le sermon pour une prière ou bien à recevoir un ministère. Toutes ces pratiques servent d'occasion pour donner et pour recevoir des conseils par rapport à l'inspiration reçue ou aux engagements que font ceux qui écoutent.

Comment la volonté de Dieu est-elle discernée par l'enseignement ?

Si le premier objectif de la prédication est d'inspirer et d'inviter à l'engagement, le premier objectif de l'enseignement est l'assimilation du contenu. Comme l'illustration le propose, l'enseignement se déroule en format de question-réponse entre l'enseignant et les étudiants.

Selon les Évangiles, Jésus prit trois ans pour enseigner et former ses disciples pour leur mission. Il voulait que ses disciples le comprennent et comprennent la nature du royaume de Dieu à fond. À la fin de son ministère, Jésus instruisit ses disciples ainsi : « Allez [donc], faites de toutes les nations des disciples. . . et enseignez-leur à mettre en pratique tout ce que je vous ai prescrit » (Matthieu 28:19-20).

Le discernement par l'enseignement

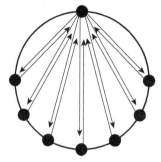

L'église primitive continua le processus d'enseignement et de formation commencé par Jésus. De bonnes connaissances étaient nécessaires pour discerner la volonté de Dieu. Il fallait parfois trois ans pour confirmer l'adhésion des nouveaux croyants.[2] Selon certains, apprendre par cœur le Sermon sur la Montagne faisait partie du processus.

Les premiers anabaptistes s'engagèrent eux aussi à l'étude biblique solide et à l'enseignement. En fait, le mouvement démarra dans un groupe d'étude biblique ! Les leaders apprenaient bien la Bible et organisaient les versets en fonction du sujet. Plusieurs préparèrent des lexiques à thème qu'ils partagèrent les uns avec les autres. En se basant sur ces lexiques, ils donnaient et recevaient des conseils sur le contenu, les relations et le sens des Écritures.

Comment enseigne-t-on aujourd'hui ?

La liberté d'enseigner à leurs enfants et leurs jeunes a été importante pour les chrétiens anabaptistes. Cette liberté a été si importante que les anabaptistes, lorsqu'ils étaient persécutés, ont déménagé à des endroits où ils avaient la permission d'organiser à leur manière leurs propres écoles. Il y a des groupes de familles qui s'installèrent en Alsace en France, dans la Vallée de la Vistule en Pologne, en Russie, et très souvent aux pays d'Amérique du Nord et du Sud.

Pendant longtemps, dans les assemblées mennonites, l'école de dimanche pour jeunes et pour adultes servait de premier lieu d'apprentissage. Dans l'assemblée de 130 membres où j'ai grandi, il y avait une classe pour chaque groupe d'âge—seize en tout ! Ces classes offraient le contexte ou le cadre de référence dans lequel les membres donnaient et recevaient des conseils.

Actuellement, en Amérique de Nord, les Mennonites sponsorisent trente écoles primaires et secondaires, une dizaine d'universités et au moins trois séminaires. Ce sont les premiers endroits pour donner et recevoir des conseils basés sur la foi et sur les pratiques anabaptistes.

En ce moment, il y a beaucoup d'angoisse sur l'analphabétisme biblique dans les milieux mennonites. Cependant, de plus en plus d'options pour étudier voient le jour, dont des séminaires de genre varié, des ateliers aux conférences annuelles, des webinairs lancés par les séminaires et divers cours en ligne offerts par des sources multiples.

Comment discerner la volonté de Dieu par le dialogue ?

Si le premier objectif de la prédication est d'inspirer et d'inviter à l'engagement, et le premier objectif de l'enseignement est l'assimilation du contenu, le premier objectif du dialogue est d'appliquer à leur vie et à leur situation ce que les membres entendent et apprennent. Comme l'illustration le propose, le dialogue est une communication interactive sous forme de conversation entre les membres.

Jésus, les apôtres et les réformateurs s'engageaient tous à beaucoup de dialogue. Dans l'église primitive, ce dialogue se déroulait souvent en petits groupes et dans les maisons. Les premiers anabaptistes eux aussi se retrouvaient face-à-face en petits groupes et dans les cultes à la maison. Ces interactions intimes se démarquaient du contexte formel de prédication et d'enseignement des églises historiques prédominantes de l'état.

Le discernement par le dialogue

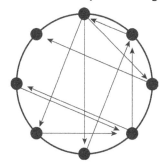

Il y a quelque chose d'essentiel qui se passait chez les premiers anabaptistes quand ils se rencontrèrent en petits groupes. Dans le contexte d'une communauté proche et du dialogue intime, ils pouvaient ressentir la présence du Christ et comme suite entreprendre l'action obéissante.

Comment fait-on le dialogue aujourd'hui ?

Un petit groupe offre un excellent cadre dans lequel les croyants et les quêteurs peuvent donner et recevoir des conseils au sujet de ce qu'ils entendent, apprennent et vivent. Il est inévitable que les assemblées qui connaissent un renouveau et un accroissement mettent l'accent sur les petits groupes. Nous examinons ces petits groupes de plus près dans le chapitre suivant.

Le dialogue est essentiel pour soutenir la responsabilité des croyants. Je me suis engagé à ne pas prendre de grande décision sans l'avoir d'abord discutée avec mon groupe de responsabilité. C'est en donnant et en recevant des conseils que ce groupe m'aide à comprendre un problème, à trouver de nouvelles possibilités pour le régler et à fixer un objectif pour ce qui sera réalisé. On me confirme parfois mes idées, mais on me défie aussi parfois d'explorer d'autres possibilités.

Au départ, Assembly Mennonite Church à Goshen, en Indiana (ÉU), développa une façon rigoureuse d'aider ses membres à discerner la volonté de Dieu pour leur vie. Pendant la première semaine de chaque nouvelle année, les membres de petits groupes se posaient cette question : « Qu'est-ce que tu as fait de ton temps au cours de l'année précédente, et qu'est-ce que tu espères en faire cette année ? » Puis ils se posaient cette question de dialogue pendant la deuxième semaine : « Comment as-tu engagé tes talents au cours de l'année précédente, et qu'est-ce que tu espères en faire cette année ? » La troisième semaine, le dialogue devint encore plus personnel : « Combien d'argent as-tu gagné, et combien espères-tu en gagner cette année ? » Un membre remarqua : « Il fallait beaucoup de maturité pour qu'on donne et reçoive des conseils à un niveau si vulnérable, mais nous avons trouvé que ce genre d'interaction est une clé forte pour nous permettre de discerner la volonté de Dieu dans nos vies ».[3]

Jessica Reesor Rempel et Chris Brnjas terminaient leurs diplômes en théologie quand ils observèrent qu'il y avait beaucoup de jeunes adultes pairs qui se sentaient déconnectés de l'église, même s'ils trouvaient importante leur foi anabaptiste. Ces deux étudiants fondèrent Pasteurs Exilés, une association qui vise à lier les jeunes par moyen du dialogue et des expériences dynamiques de foi à l'intérieur aussi bien qu'à l'extérieur des murs d'église. Aujourd'hui, Reesor Rempel anime une étude biblique féministe intergénérationnelle dans laquelle les participantes discernent la volonté de Dieu pour elles-mêmes et pour les autres en donnant et en recevant des conseils. Même si le féminisme aurait été bien loin des esprits des anabaptistes du seizième siècle, Reesor Rempel et Brnjas constatent la ressemblance de l'expérience. Selon Reesor Rempel : « Tout en lisant [la Bible], on se pose des questions au sujet du pouvoir, du privilège, des rôles des sexes et de la nature de Dieu—questions qu'on ne nous a pas encouragées à nous poser dans le cadre de l'église au sens large. Quand on se réunit il n'y a ni autorité ni expert ; il s'agit plutôt d'inviter chaque participante à examiner sa propre interprétation de l'Écriture avec le groupe. Chacune a quelque chose à apprendre aux autres et à apprendre pour elle-même ».[4]

En tant que directeur du programme de ministère pastoral à Hesston College, j'ai trouvé que le dialogue est essentiel pour aider les individus à discerner l'appel au ministère. Les candidats devaient avoir à la foi un appel intérieur et un appel extérieur pour discerner si leur appel venait de Dieu. L'appel intérieur comprenait le dialogue personnel avec Dieu et avec eux-mêmes pour discerner les passions, les pensées et les valeurs. L'appel extérieur avait lieu quand un individu ou un groupe de l'extérieur discernait que la personne avait les talents, la personnalité et la passion pour la tâche envisagée. John Powell, pasteur de conférence régionale, dit que c'est « par moyen du discernement de l'assemblée que l'assemblée appelle et donne aux gens l'autorité de diriger. Cette 'autorité' diffère d'une assemblée à l'autre. Certains leaders dirigent avec beaucoup de latitude pendant que d'autres sont contraints par des structures formelles et informelles ».[5]

Qu'est-ce qui est essentiel au christianisme anabaptiste ?

C'est par nécessité et à cause de la persécution que les premiers anabaptistes furent forcés de quitter les grands cadres de l'église pour se retrouver en des cadres plus intimes où il était courant de donner et de recevoir des conseils. Aujourd'hui, cet échange de conseils est encouragé par une question posée aux membres au moment de leur entrée à la communauté : « Acceptez-vous de donner et de recevoir des conseils ? » Cette question aide les membres à résister à la tendance de faire preuve de laisser-faire ou bien d'être dictatorial.

C'est par l'expérience que nous avons appris que le bon discernement demande aux assemblées un bon équilibre entre la prédication, l'enseignement et le dialogue.

Quel est le meilleur cadre pour que le discernement et la communauté profonde se produisent ? Dans le chapitre suivant, nous examinons les expériences riches qui deviennent possibles grâce aux petits groupes.

Questions de réflexion et de discussion

1. Dans votre église, pose-t-on cette question aux nouveaux membres : « Acceptez-vous de donner et de recevoir des conseils ? » Pourquoi ou pourquoi pas ?

2. Réfléchissez aux moyens suivants employés par les croyants de la foi chrétienne pour discerner la volonté de Dieu.

De nombreux chrétiens focalisent sur :	Les chrétiens anabaptistes focalisent sur :
le discernement de la volonté de Dieu par l'étude privée et par la prière.	l'étude et l'interprétation de la Bible par le dialogue.
l'importance par-dessus tout de la prédication.	l'importance de trouver un équilibre entre la prédication, l'enseignement et le dialogue.
l'action de dire aux gens ce qu'ils devraient penser ou faire.	l'action d'aider les membres à prendre des décisions en donnant et en recevant des conseils.

3. Dans quelles situations demandez-vous l'avis ou le conseil des autres ? Pourquoi avez-vous besoin de demander l'avis ou le conseil ?

4. Qu'est-ce qui vous a aidé(e) à discerner la volonté ou l'appel de Dieu pour votre vie ? Comment était-il intimidant ? Comment était-il utile ?

SIX

Les membres sont tenus responsables

*Ils rompaient le pain dans les maisons et ils prenaient
leur nourriture avec joie et simplicité de cœur. Ils louaient
Dieu et avaient la faveur de tout le peuple.*
Actes 2:46-47

LA SINGULARITÉ DE LA FOI ANABAPTISTE SE TROUVE PROBA-
blement autant dans sa forme que dans sa théologie. Suite à
l'étude de soixante-deux thèses de doctorat sur la naissance de
l'anabaptisme, le pasteur Takashi Yamada, chercheur japonais,
tire cette conclusion : « La singularité de l'église primitive et des
premiers anabaptistes est le fait qu'ils se réunissaient en petits
groupes où ils s'affrontaient et ainsi se renforçaient suffisamment pour affronter le monde ».[1]

Dans ce chapitre, nous examinons l'organisation des petits
groupes au sein de l'église comme moyen de produire le maxi-
mum de communauté, d'efficacité et de responsabilité. Comme
nous le verrons, l'appartenance à un petit groupe rempli de

l'Esprit est peut-être l'expérience la plus proche que nous aurons de vivre le royaume de Dieu sur la terre.

Qu'est-ce que le royaume de Dieu ?

Jésus commença son ministère en proclamant que le royaume de Dieu s'approchait et que les prophéties qui en parlaient étaient en train de s'accomplir (Marc 6:10 ; Luc 4.14 19) Il sélectionna un groupe de douze disciples pour une formation précise et leur enseigna à prier : « Que ton règne vienne, que ta volonté soit faite sur la terre comme au ciel » (Matthieu 6:10). Puis, « Il les envoya proclamer le royaume de Dieu » (Luc 9:2).

Pendant son temps sur la terre, Jésus prêcha maintes fois l'évangile du royaume. Ses paraboles servaient d'illustration des qualités de ce royaume. Pour lui, le royaume était si important que, pendant ses quarante derniers jours sur la terre, il « parla de ce qui concerne le royaume de Dieu » (Actes 1:3). Si Paul prêcha l'évangile de la grâce, il prêcha apparemment aussi ce même message du « royaume de Dieu » partout où il alla (Actes 19:8 ; 20:25 ; 28:23, 31).

On pourrait dire que le royaume de Dieu se trouve partout où Dieu est roi. Cela veut dire être responsable devant le roi. Si Dieu est le roi de votre vie, alors, « le royaume de Dieu est au milieu de vous » (Luc 17:21). Si Dieu est roi de votre famille ou groupe, voilà encore : « le royaume de Dieu est au milieu de vous ». La Bible nous mène à croire que le royaume est déjà et pas encore ici. À la fin des temps quand nous ferons face à la pleine présence de Dieu, nous vivrons le royaume de Dieu dans toute sa plénitude (Apocalypse 21:7). Un petit groupe rempli de l'Esprit amène les qualités du royaume au présent.

Le royaume de Dieu est composé de relations d'amour, pas de pouvoir politique. Jésus veut que nous connaissions la même qualité de relation avec Dieu qu'il connaissait et connaît encore avec son Père. Sa prière sur la terre était que ses disciples deviennent un en leur camaraderie comme lui et son Père étaient un (Jean 17:22). Pour avoir ce genre de camaraderie, nous sommes invités à nous repentir de tout ce qui est faux et à nous engager à aimer le Seigneur notre Dieu de tout notre cœur, de toute notre âme, de toute notre pensée et de toute notre force (voir Marc 12:29-31).

Jésus était responsable devant son père. Il dit aux disciples : « Je ne peux rien faire de moi-même. . . je ne cherche pas à faire ma volonté, mais celle du Père qui m'a envoyé » (Jean 5:10). À la fin, nous serons tenus responsables pour ce que nous avons fait.

Les disciples de Constantin et d'Augustin enseignèrent que l'église elle-même était le royaume de Dieu. Tout en aspirant à être une église parfaite, les premiers anabaptistes reconnurent que si l'église pouvait proclamer le royaume et en être un avant-goût, elle ne pouvait pas être le royaume de Dieu.

L'identité des premiers chrétiens anabaptistes était liée à leur compréhension du royaume. Ils voyaient un contraste net entre le royaume de Dieu et les royaumes de ce monde. Leur engagement à la pensée et à la vie du royaume les éloigna d'une foi individualiste et des structures complexes ecclésiastiques. Il les aida à développer des concepts solides sur la vie en communauté où ils étaient tenus responsables.

Comment peut-on considérer l'église ?

L'église est parfois représentée par un oiseau à deux ailes dont l'une représente l'assemblée plus large et organisée et l'autre représente ses plus petits groupes de face-à-face. Il faut que les deux ailes soient équilibrées. Le programme d'enseignement de l'église peut être considéré comme la queue qui stabilise l'assemblée.[2]

Dieu a toujours employé de grands et de petits groupes pour accomplir ses objectifs. Quand Moïse dirigeait un grand groupe d'anciens esclaves dans le désert, son beau-père Jethro l'encouragea à diviser cette grande assemblée en petits groupes. Jésus prêcha devant de grandes foules de milliers de personnes mais passa la plupart de son temps à soutenir son petit groupe de douze.

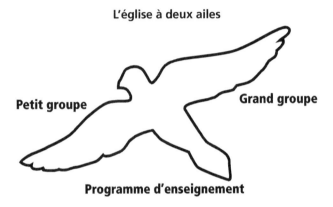

L'église à deux ailes

Petit groupe

Grand groupe

Programme d'enseignement

Selon Actes 2, les premiers chrétiens s'assemblaient en un grand groupe dans la cours des temples pour recevoir l'enseignement des apôtres. Ils se réunissaient également en petits groupes dans leurs maisons pour manger, échanger, prier et communier ensemble. De plus, ils étaient généreux à partager leurs ressources les uns avec les autres. C'est dans ces petits groupes qu'ils se tenaient responsables de vivre tel que Jésus avait vécu.

On nous dit que ces premiers membres de l'église avaient non seulement de bonnes relations les uns avec les autres, mais aussi « la faveur de tout le peuple » de la communauté. Par conséquent, « le Seigneur ajoutait chaque jour à l'Église ceux qui étaient sauvés » (Actes 2:47). Une raison pour laquelle l'église primitive crût aussi rapidement est l'amour et l'affection que les membres témoignaient les uns aux autres. Selon la théologienne Reta Halteman Finger, « Le soutien et la responsabilité mutuels semblent avoir été au centre de l'accroissement de la communauté chrétienne primitive ».[3]

Mais au cours du temps, l'énergie qui était auparavant investie au ministère et aux relations fut acheminée à la définition des doctrines, à l'organisation des systèmes et à la construction des structures de l'église. L'accent sur la réunion en petits groupes pour la camaraderie, le partage et la responsabilité était plus ou moins perdu. Plutôt que vivre la présence du Christ dans le contexte d'un petit groupe, on encouragea les croyants à vivre la présence du Christ par moyen des sacrements. Plutôt qu'être présents les uns pour les autres, on les encouragea à être présents pour le service de l'eucharistie. Ceux qui voulaient suivre Jésus avec obéissance et vivre un sens de communauté proche habitaient séparément dans les monastères et dans les couvents.

Si Martin Luther et d'autres réformateurs du courant dominant avaient espéré réformer l'église selon les dispositions du Nouveau Testament, leurs liens avec le gouvernement et avec les classes élevées furent tels qu'ils continuaient la disposition de grandes églises subventionnées par l'état. En attendant, les croyants anabaptistes, tout comme l'église primitive, se réunissaient en petit groupes de face-à-face dans les maisons et des endroits secrets où ils vivaient une camaraderie intime, le pardon et le soutien pour suivre Jésus dans la vie quotidienne. Il semble que dans de nombreux contextes un petit groupe relationnel et de face-à-face plutôt qu'une grande assemblée était l'unité de base de l'église.

Qu'est-ce qu'un petit groupe ?

Un petit groupe peut paraître très différent à des endroits et dans des contextes différents. Dans la plupart des contextes nord-américains, on peut définir un petit groupe dans les termes de Roberta Hestenes, spécialiste en formation chrétienne : « Une assemblée intentionnelle et de face-à-face composée de trois à douze personnes qui se réunissent régulièrement afin de s'offrir du soutien et la croissance spirituelle ».[4] Quand un groupe a plus de douze membres, on le considère un grand groupe. Dans un grand groupe, les membres s'assoient souvent en rangs. Ils focalisent souvent sur un sujet, sur un programme ou sur un leader. Dans un petit groupe, les membres s'assoient souvent à la table ronde où ils peuvent se regarder dans les yeux. Ils focalisent souvent sur les individus du groupe, sur leurs intérêts mutuels et sur ce qui se passe dans leurs vies.

Les petits groupes sont l'unité de base de l'église. Ils se font des relations afin de former des assemblées, les assemblées se font des relations afin de former des confessions, et les confessions se font des relations afin de constituer l'église universelle.

Qu'est-ce qui se passe dans un petit groupe ?

Les petits groupes offrent un espace pour combler les besoins et pour tenir responsables les membres pour qu'ils se comblent les besoins les uns des autres. Les petits groupes offrent aux membres un sentiment d'appartenance et un endroit pour la croissance spirituelle ainsi qu'un lieu pour s'amuser, partager, et fréquenter les gens. Dans un petit groupe, les membres sont soutenus pour découvrir leurs talents, pour se mobiliser pour le service, et pour s'offrir de la miséricorde et de la compassion si nécessaire.

Je crois que les petits groupes sont la meilleure chose qui soit arrivée à l'église depuis la Réforme. La Réforme rend la Bible au peuple ; les petits groupes rendent le ministère au peuple. C'est en petits groupes d'une dizaine au plus qu'on comble souvent le mieux les besoins vitaux. Si c'est à l'église qu'on étudie la Bible, prie les uns pour les autres et se met à l'écoute les uns des autres en cas de besoin, ceci se passe le mieux dans le cadre de petits groupes.

Les gens vont là où leurs besoins sont comblés. Ils vont à l'école quand ils ont besoin d'apprendre. Ils vont chez le médecin quand ils ont besoin d'aide médicale. Ils vont chez eux à la fin de la journée pour manger et se reposer. De plus en plus de gens du monde entier vont à la réunion d'un petit groupe pour satisfaire leurs besoins de relations plus profondes, d'une vie spirituelle plus significative, d'un soutien affectif.

Les premiers leaders anabaptistes étaient probablement influencés autant ou même plus par le mouvement monastique que par ce qui se passa dans la Réforme Protestante. Si la plupart des croyants continuaient à se réunir dans des cathédrales et des églises de paroisse, les anabaptistes se réunissaient en petits groupes où ils développèrent des relations intimes et se tenaient responsables. Selon Ervin Stutzman, directeur exécutif de Mennonite Church USA : « C'est souvent en de petits cercles de camaraderie que nous nous sentons le mieux compris par d'autres et recevons la force qu'il nous faut pour faire face aux moment difficiles de la vie ».[5]

À quel point les petits groupes sont-ils importants pour l'église ?

La plupart des assemblées au Canada et aux États-Unis sont orientées vers des programmes. Dans de telles assemblées, les petits groupes figurent souvent comme un programme, comme l'illustration nous le montre.

Église à base de programmes

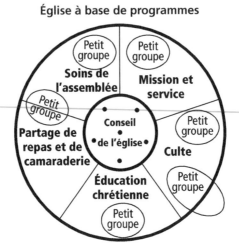

Dans une assemblée à base de programmes, les membres mettent l'accent surtout sur les activités de l'église. En ce qui concerne le temps et la priorité, les petits groupes, qui figurent parmi ces programmes, se trouvent peut-être en concurrence avec le culte, le programme de l'école du dimanche et un projet de mission.

L'avantage de ce type d'église est sa capacité d'offrir une grande variété de sujets, de thèmes et d'activités grâce à ses multiples programmes. L'inconvénient, c'est que les membres ont souvent du mal à participer à fond dans un domaine précis, et donc on accomplit peu.

Un deuxième type d'église est une assemblée de petits groupes. Au lieu de figurer sur un programme d'autres activités, ce sont les petits groupes qui forment l'assemblée. Tous les membres appartiennent d'abord à un petit groupe et ensuite à l'assemblée. Une église composée de petits groupes se concentre souvent sur un seul thème à la fois. Il y a souvent le plan du sermon du dimanche qui est préparé comme base de discussion et d'application dans les petits groupes. Ce modèle permet à l'assemblée et aux membres d'approfondir leur étude un thème à la fois.

Église à base de petits groupes

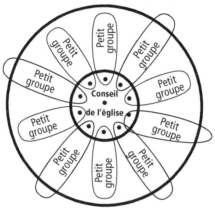

Dans une église à base de petits groupes, les petits groupes deviennent plus facilement la clé à la structure pastorale et organisationnelle. Les leaders des groupes jouent souvent le rôle de pasteur laïc pour leurs membres, même jusqu'à leur servir la communion. Quand quelqu'un est malade, troublé ou en difficulté, le leader du petit groupe ou bien un autre membre est la première personne à porter secours. Si le ou la pasteur(e) principal(e) reste disponible, on ne s'attend pas à ce que cette personne satisfasse aux besoins routiniers des membres.

Assembly Mennonite Church de Goshen, Indiana, sert d'exemple utile d'une assemblée à base de petits groupes. L'adhésion à l'assemblée se fait par le biais d'un petit groupe. Les petits groupes servent à la camaraderie, à l'étude, au soutien mutuel et aux activités extérieures. Quand il y a un problème, on en discute au sein des groupes puis le réfère à un conseil d'anciens. Ou bien si le problème est identifié par le conseil, on en discute au sein des groupes puis y répond. Le conseil d'anciens de l'assemblée est constitué par un membre de chaque groupe.

Dans une église à base de petits groupes plutôt qu'ayant de petits groupes, on n'a peut-être pas besoin d'un comité d'hospitalité, d'une classe adulte de l'école du dimanche ou bien d'un comité pour l'évangélisme, car ce sont les petits groupes qui remplissent ces fonctions. Peut-être qu'à tour de rôle les groupes gèrent le culte pour le reste de l'assemblée, planifient un séminaire ou organisent une retraite. Les leaders des groupes pourraient servir comme le comité d'anciens de l'assemblée.

Le Meeting House de Oakville, Ontario, assemblée liée à la confession Frères en Christ, est un modèle d'une église anabaptiste contemporaine à base de petits groupes. Le Meeting House a dix-huit assemblées satellites qui se réunissent simultanément dans des cinémas et dans d'autres endroits situés dans un rayon de 80 kilomètres de son campus central. Chaque assemblée satellite a son propre pasteur, mais la prédication a lieu au centre à Oakville, puis on en discute en petits groupes qu'on appelle « églises chez-soi. » Le Meeting House a plus de cinq mille membres, mais comme un pasteur d'une église chez-soi explique : « Si vous voulez vraiment comprendre cette église, il faut participer à un de nos petits groupes. C'est dans les petits groupes où tout se passe ! »

Qu'est-ce qui provoque l'accroissement dans le Sud ?

L'histoire de l'église Meserete Kristos en Éthiopie nous aide à réapprendre ce qui était essentiel aux églises primitives et anabaptistes. En 1982, la dénomination a été composée de quatorze assemblées avec à peu près cinq mille membres. Cette année-là, un gouvernement répressif emprisonna des pasteurs et força ces quatorze assemblées à fermer. Comme réponse créative à ce problème, les anciens préparèrent des guides d'étude et encouragèrent tous les membres à se réunir en groupes de sept au plus dans les maisons chaque semaine. Quand un groupe s'accrût à neuf, on encouragea les membres à former un nouveau groupe. Pendant huit ans, c'est dans ces petits groupes que les membres se nourrissaient et se tenaient responsables à une vie fidèle.

Quand on leva les restrictions, tout le monde fut surpris de voir que l'église avait augmenté de quatorze à cinquante assemblées et de cinq mille à plus de cinquante mille membres ! L'église Meserete Kristos a continué à insister sur les petits groupes et depuis a augmenté à plus de sept cents assemblées et plus de quatre cent mille participants !

Le sociologue Conrad Kanagy estime que les églises en général et les églises anabaptistes en particulier s'accroissent le plus rapidement dans le Sud.[6] Ensemble avec ses co-auteurs Tilahun Beyene et Richard Showalter, Kanagy rapporte qu'au cours des trente-cinq dernières années, les croyants anabaptistes se sont multipliés par quatre en Asie et en Amérique Centrale et par sept en Afrique.

Pour la plupart, la vitalité de ces églises croissantes du Sud est dûe à leur insistance forte sur les petits groupes. Un pasteur éthiopien me l'expliqua ainsi : « Tu peux manquer au culte dimanche matin, mais vaut mieux pas manquer à la réunion à la maison mercredi soir ou bien tu perdras ta foi ! »

Selon Kanagy, Beyene, et Showalter : « L'anabaptisme dans le Sud a beaucoup en commun avec ses origines au seizième siècle—encore plus peut-être que l'anabaptisme contemporain en Amérique du Nord et en Europe ».[7]

Avec quelle fréquence devrait-on se réunir en petit groupe ?

Il est plus ou moins vrai que le plus souvent un groupe se réunit, le plus les membres sont attirés au Christ et les uns aux
autres. L'église primitive et les premiers groupes anabaptistes
se réunissaient toutes les semaines ou même plus souvent. Les
petits groupes qui se réunissent une fois par mois—ce qui est
l'habitude dans les églises à base de programmes—ont un im-
pact limité sur leurs membres. L'influence sur la pensée, sur les
relations, et sur l'obéissance joyeuse des membres démultiplie
selon la fréquence de leurs réunions.

La question de fréquence d'un petit groupe est liée à l'importance du sens de la communauté chez les individus dans le
groupe. Si les programmes et les activités sont plus importants,
ils prendront l'énergie et le temps principaux. Cependant, si la
profondeur de la camaraderie, la croissance spirituelle et la vie
correcte sont plus importantes, alors il faut mettre la priorité
sur les réunions hebdomadaires de petits groupes plutôt que

La fréquence et l'influence des réunions de petits groupes

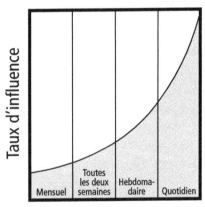

Fréquence des réunions

sur les programmes. Les assemblées composées de groupes découvrent souvent que les talents clés offerts par leur église sont la camaraderie et le soutien des missions. Ils connaissent l'expérience de la communauté et de la responsabilité dans le contexte de petits groupes.

Qu'est-ce qui est essentiel au christianisme anabaptiste ?

Comme à l'époque des premiers anabaptistes, de nos jours il y a souvent une différence nette entre les églises à base de programmes qui ont de petits groupes et les assemblées à base de petits groupes. Ces dernières focalisent plus sur la croissance et le bien-être de leurs membres et de ceux qu'ils cherchent à toucher. Les petits groupes, qu'on appelle parfois les groupes de soin, offrent souvent le meilleur cadre pour répondre aux besoins des gens et pour les aider à répondre aux besoins d'autrui.

Nous avons d'abord confirmé que Jésus est au centre de notre foi et que c'est la première valeur fondamentale. Dans cette deuxième partie, nous avons confirmé que la communauté est au centre de nos vies. Maintenant nous nous adressons à la troisième valeur fondamentale : la réconciliation est au centre de notre mission.

Questions de réflexion et de discussion

1. Par quels moyens et en quels endroits vivez-vous la communauté chrétienne ?

2. Réfléchissez aux différences entre les églises à base de programmes qui ont de petits groupes et les églises à base de petits groupes et donc composées de ceux-ci.

Une église qui a des groupes focalise sur :	Une église composée de petits groupes focalise sur :
l'église comme une organisation de programmes variés.	l'église comme une famille composée de groupes de camaraderie.
l'assemblée pour le culte comme l'unité de base de l'église.	le petit groupe comme l'unité de base de l'église.
le sanctuaire comme l'endroit fondamental où l'assemblée se réunit.	les maisons, les bureaux et les restaurants comme endroits de réunion.
le pasteur comme la source principale de pastorale pour les membres.	les leaders et les membres des groupes comme les aidants principaux de l'assemblée.
le principe que les membres sont tenus responsables pour les devoirs des programmes de l'assemblée.	le principe que les membres sont tenus responsables pour leurs vies personnelles.

3. Si vous êtes membre d'un petit groupe, votre groupe répond-il à quels besoins suivants ?

___ le sentiment d'appartenance

___ l'accueil de nouveaux participants

___ la croissance spirituelle

___ la découverte de vos talents

___ l'amusement et la camaraderie

___ la mobilisation pour le service

___ le partage et la prière

___ la miséricorde et la compassion

4. Parmi les objectifs suivants, lesquels aimeriez-vous mettre en premier lieu pour votre groupe ?

___ l'amitié et les relations sociales

___ le partage et la prière profonds

___ l'étude biblique et la croissance spirituelle

___ le soutien pour les missions et le service

___ autre : _____

Partie III

La réconciliation
est au centre
de notre mission

Les êtres humains sont réconciliés avec Dieu

Si quelqu'un est en Christ, il est une nouvelle créature.
Les choses anciennes sont passées ; voici, toutes choses sont
devenues nouvelles. Et tout cela vient de Dieu qui nous a
réconciliés avec lui par Christ et qui nous a donné
le ministère de la réconciliation.
2 Corinthiens 5:17-18

ALORS QUE CERTAINS DISCIPLES DU CHRIST DISENT QUE l'évangélisme est au centre de notre mission, d'autres disent que la promotion de la paix est la chose la plus importante. À vrai dire, l'évangélisme aussi bien que la promotion de la paix sont essentiels. Notre troisième valeur fondamentale rapproche ces deux aspects de la foi chrétienne par le terme *réconciliation*.

Quant à la réconciliation, il s'agit de la restauration des relations. C'est le rapprochement de personnes, d'idées ou bien de récits qui ont été en désaccord. La réconciliation suppose que la camaraderie existait au passé, mais qu'il y a eu un outrage qui mena à l'aliénation et peut-être à l'hostilité, et c'est cela qu'il faut résoudre.

Dans ce chapitre, nous examinons comment nous sommes personnellement réconciliés avec Dieu et comment nous cherchons à aider les autres à réconcilier avec Dieu. Dans le chapitre 8, nous examinons comment les membres se sont réconciliés les uns avec les autres dans l'église. Le chapitre 9 traite la manière par laquelle nous cherchons à réconcilier les gens en désaccord dans le monde.

Que faut-il pour la réconciliation ?

À la base de la foi anabaptiste est l'idée que chaque personne doit prendre une décision individuelle ou bien une série de décisions afin d'accepter l'offre du pardon de Dieu et son invitation à l'obéissance joyeuse. Selon les premiers anabaptistes et au contraire de l'église principale, il n'était pas suffisant d'être citoyen d'une juridiction qui s'appelait chrétien. Ils croyaient plutôt qu'à l'égard de la réconciliation avec Dieu, il fallait une décision nette. Ils répétaient constamment ce que dit Jésus : « Ceux qui me disent : 'Seigneur, Seigneur !' n'entreront pas tous dans le royaume des cieux, mais seulement celui qui fait la volonté de mon Père céleste » (Matthieu 7:21).

Prendre une décision précise fut surtout important pour les anabaptistes de première génération. Plus tard, les enfants qui se trouvaient dans le contexte d'une famille croyante acceptaient souvent la grâce de Dieu et suivaient la voie de Jésus. Pour les anabaptistes de la première génération et leurs enfants croyants, le baptême annonçait leur désir et leur décision de vivre selon la grâce et la voie de Dieu.

Quant à la réconciliation individuelle, ce n'est pas Dieu qui doit être réconcilié avec nous ou qui doit prendre une décision. Dieu n'a ni péché ni fait du mal contre nous, mais a toujours désiré avoir une relation d'amour avec chacun de nous. C'est nous qui avons péché. Nous avons besoin d'être restaurés dans notre relation avec Dieu et avec la volonté de Dieu.

Les idées inexactes de Dieu sont aussi des sources d'inquiétude. Dieu envoya son fils, Jésus, sur cette terre pour nous réconcilier avec un Dieu incompris. Le monde avait besoin de connaître Dieu comme un parent tendre et bienfaisant qui est plein de compassion et de miséricorde, mais qui est aussi puissant et suffisamment résolu pour rendre les choses justes en fin de compte. Être en relation avec ce Dieu change les choses. Selon le philosophe Robert Solomon : « Croire à ce Dieu juste et tendre et s'engager à participer à son œuvre nous mène à la conclusion que la justice sera servie soit dans cette vie soit dans la vie prochaine ».[1]

Qu'est-ce que le salut ?

Selon C. Arnold Snyder, historien mennonite : « À mon avis le cœur et l'âme du mouvement anabaptiste est fondé sur sa vision du salut ».[2] Les anabaptistes comprennent le salut dans le contexte de la réconciliation et de la transformation. Être sauvé veut dire être réconcilié avec Dieu et avec la famille de Dieu. En nous réconciliant avec Dieu tel qu'il est connu en Christ et dans le corps du Christ, nous sommes transformés en notre façon de penser, de sentir, et d'agir.

Snyder remarque que les réformateurs anabaptistes radicaux croyaient que la régénération, c'est-à-dire le changement intérieur de la nature humaine, était possible. Ils croyaient que c'est par la puissance de Dieu que « les pécheurs naissent de nouveau et sont régénérés par le Saint-Esprit, et deviennent de nouvelles personnes. Alors, ces nouvelles personnes vivent de telle manière qu'elles témoignent de la sanctification de la grâce de Dieu qui agit dans leurs vies ».[3]

La transformation est le but. Quand nous sommes bien disposés et obéissants, Dieu nous change à ce que nous sommes destinés à être. Quand ce changement a lieu, c'est une bonne nouvelle ! C'est une bonne nouvelle non seulement pour l'individu mais aussi pour ceux avec qui l'individu est en relation. Une vraie relation avec Dieu a comme résultat des œuvres d'amour.[4]

Jim Wallis, rédacteur en chef du magazine *Sojourners*, décrit ce processus de transformation ou de salut : « Le Nouveau Testament souligne la nécessité d'une volte-face radicale et nous invite à poursuivre un autre parcours de vie complètement différent. C'est ainsi que la conversion est bien plus qu'un soulagement émotionnel et bien plus qu'une adhésion intellectuelle aux doctrines correctes. C'est un changement fondamental du sens de la vie ».[5]

Pour les premiers anabaptistes, suivre Jésus dans la vie quotidienne était moins une question d'obéissance à la loi et plutôt un résultat de la grâce et de la régénération de Dieu qui le rendaient possible. Pilgrim Marpeck, qui figure parmi les premiers anabaptistes, dit : « La loi n'est pas capable de changer le cœur. C'est Dieu et l'Esprit bienveillant de Dieu seuls qui puissent le faire ».

Les anabaptistes voyaient le salut de manière différente des croyants catholiques et protestants. Les anabaptistes ne croyaient pas au péché originel et donc ne croyaient pas que le baptême des enfants et les autres sacrements étaient obligatoires pour sauver une personne du châtiment éternel. De plus, la plupart des anabaptistes n'étaient pas d'accord avec la prédestination, ce qui met toute responsabilité pour le salut sur Dieu. Ils insistaient que si le salut a lieu par la grâce de Dieu, les individus doivent se décider d'accepter ou bien de rejeter l'offre et l'invitation de Dieu. D'ailleurs, les anabaptistes ne croyaient pas que la justification par la foi offraient d'elle seule une vision adéquate du salut. Ils croyaient qu'il fallait une transformation par le Saint-Esprit et un engagement à suivre Jésus dans la vie quotidienne.

Quelle sorte de transformation a lieu ?

Comment peut-on comprendre l'œuvre de transformation du Saint-Esprit ? Il faut d'abord comprendre que la transformation est l'œuvre de Dieu. Personne ne peut surmonter ses défauts et vivre comme Christ sans l'aide de Dieu. Même si nous étions capables de changer nos actions extérieures de notre propre volonté, c'est Dieu seul qui peut changer nos cœurs et nos esprits intérieurs.

Pour les anabaptistes, le salut en Christ voulait dire céder à Dieu et être fait de nouveau en une personne habilitée à vivre une autre sorte de vie. Il y avait une intégralité dans la vision anabaptiste de la réconciliation.

Quand la relation d'une personne avec Dieu est restaurée, cette personne est sauvée ou délivrée du mal ou du conflit qu'elle vivait. Ce mal et ce conflit auraient pu se trouver dans des domaines variés. Myron Augsburger, évangéliste, dit : « L'évangile mennonite cherche à sauver une personne en tant qu'un être intégral : le corps, l'âme et l'esprit ».[6] David Schroeder, défunt professeur à Canadian Mennonite Bible College, explique : « Quand nous sommes sauvés, nous devrions pouvoir nommer précisément de quoi nous avons été délivrés ».[7]

On peut décrire l'œuvre de transformation de Dieu en termes de la création, de la chute et de la rédemption telles que les illustrent les schémas suivants.[8]

Créé à l'image de Dieu

Notre Dieu est un Dieu de réflexion, de sentiment et d'action qui est à l'essence un Esprit. Ce Dieu de réflexion créa l'univers et tout ce qui y est. Ce Dieu de sentiment exprime à la fois la compassion et la colère justifiée. Ce Dieu d'action délivra de l'esclavage les enfants d'Israël et continue à nous délivrer de la servitude de toute sorte.

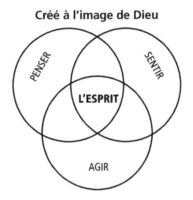

Créé à l'image de Dieu

Puisque nous sommes créés à l'image de Dieu, nous aussi nous sommes des individus de réflexion, de sentiment et d'action qui sont essentiellement de nature spirituelle. Notre vrai soi est notre esprit intérieur. On ne peut pas le voir, mais il détermine qui nous sommes et pour quelles choses nous serons connus. Nos corps sont les structures visibles par lesquels nos esprits s'expriment. Quand l'Esprit de Dieu habite en nous, nous pourrons réfléchir, sentir et agir de manière qui représente Dieu.

Déchus à cause du péché

Malheureusement, nous avons tous péché et sommes « privés de la gloire de Dieu » (Romains 3:23). Au lieu de mettre l'Esprit de Dieu à notre centre, nous avons tendance à mettre le soi au centre de notre être. Dans un état de péché déchu, on peut nous représenter par le schéma suivant.

L'état déchu

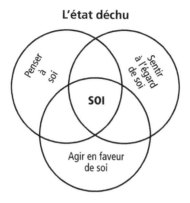

Dans le « Plan Déterminé » (*Purposeful Plan*) de l'Église Mennonite USA, les leaders de la dénomination écrivent : « À cause du péché, nous avons tous failli à l'intention du Créateur, avons gâché l'image de Dieu à laquelle nous sommes créés, avons perturbé l'ordre du monde et avons limité notre amour pour autrui. Alors, c'est par par le pouvoir réconciliateur de Jésus Christ, que nous cherchons à marcher dans la justice ou les 'justes relations' avec Dieu et avec autrui ».[9]

Quand le soi plutôt que l'Esprit de Dieu est au centre, nous avons tendance à poursuivre nos propres pensées, nous pré-occuper de nos propres sentiments et agir selon nos propres intérêts, même si ces pensées, ces sentiments et ces actions ne sont pas la meilleure chose pour ceux avec qui nous avons des relations. Selon l'apôtre Paul : « Si quelqu'un n'a pas l'Esprit du Christ, il ne lui appartient pas » (Romains 8:9). Le salaire, ou bien le résultat, d'une vie égoïste est la mort de l'enthousiasme, des relations et de l'espoir (voir Romains 6:23).

Les croyances déterminent les sentiments, et les sentiments

déterminent les actions. Notre façon de penser affecte nos sentiments vis-à-vis des choses, et nos sentiments influencent notre comportement. Quand le soi domine, nous devenons égocentriques dans nos pensées, notre attitude et nos actions. Selon l'apôtre Paul : « En effet, ceux qui se conforment à leur nature propre se préoccupent des réalités de la nature humaine » (Romains 8:5).

Rachetés et transformés par Christ

Jésus commença son ministère en nous exhortant : « Changez d'attitude et croyez à la bonne nouvelle » (Marc 1:15). Pour être transformés, il faut passer par une période de repentance et de détournement des anciennes pensées, sentiments et actions. Selon le pasteur Darren Petker : « C'est par la mort de nos anciennes pratiques, nos vieilles habitudes et notre mauvaise attitude que le Saint-Esprit continue à nous refaire tout neufs pendant que nous mourons aux vieux comportements et habitudes de pensée afin qu'à leur place la nouvelle vie puisse s'enraciner. Jésus savait très bien que la mort était obligatoire pour que la nouvelle vie commence. Il sacrifia volontiers sa vie afin que le pouvoir de sa résurrection puisse nous transformer ».[10]

Quand nous nous repentons de nos pensées, attitudes et actions égoïstes et ouvrons nos vies à l'Esprit de Dieu, nous sommes transformés. Une personne transformée peut être représentée par le schéma suivant.

Les premiers leaders anabaptistes parlaient avec enthousiasme du pouvoir transformateur du Saint-Esprit. Pour eux, c'était grâce au Saint-Esprit que les croyants pouvaient suivre Jésus dans leurs vies quotidiennes. Ils étaient convaincus qu'ils avaient la possibilité d'être transformés en ce que Dieu voulait pour eux. Ils tenaient à la possibilité de « naître de nouveau », c'est-à-dire, recevoir un nouveau départ avec de nouvelles

La personne transformée

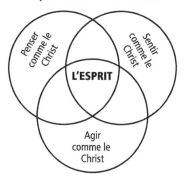

valeurs fondamentales, de nouvelles disciplines et un nouveau pouvoir intérieur. Pour eux, le nouvel esprit intérieur nous permettrait de réfléchir, de sentir et d'agir comme Christ !

Comment serons-nous connus ?

Quand nous avons l'Esprit à notre centre, nous réaliserons une nouvelle identité. Nos pensées, sentiments et actions communiqueront une nouvelle réalité. Au lieu d'être préoccupés par soi, nous aurons quelque chose à offrir. Rick Warren, pasteur de Saddleback Community Church, explique : « Le christianisme n'est ni une religion ni une philosophie. C'est une relation et un mode de vie. Au cœur de ce mode de vie, c'est l'action de penser aux autres plutôt qu'à nous-mêmes, comme le faisait Jésus. Penser aux autres est alors au cœur de notre ressemblance au Christ et la meilleure évidence de la croissance spirituelle ».[11]

Comme apprenants-enseignants

Dans notre pensée, nous deviendrons connus comme apprenants-enseignants. L'apôtre Paul dit : « Soyez transformés par le renouvellement de l'intelligence » (Romains 12:2). C'est ainsi qu'il décrit cette identité transformée : « Que votre attitude soit identique à celle de Jésus-Christ » (Philippiens 2:5).

En étudiant la vie, l'enseignement et le ministère de Jésus, nous commençons à penser comme Jésus, et puis, dans nos relations avec notre famille, nos amis et nos voisins, nous commençons à enseigner ce que nous avons appris. Autrement dit, nous devenons apprenants-enseignants ! Nous sommes apprenants qui apprenons de Jésus, et en même temps nous sommes enseignants qui transmettons aux autres ce que nous avons appris !

Comme réconciliateurs pardonnés

Par nos sentiments, nous serons connus comme réconciliateurs pardonnés. L'apôtre Paul nous encourage ainsi : « Soyez. . . pleins de compassions les uns envers les autres ; pardonnez-vous réciproquement comme Dieu nous a pardonné en Christ » (Éphésiens 4:32). En nous transformant, nous perdons nos anciennes émotions et commençons à développer l'attitude envers les autres que Dieu témoigne envers nous. Le Saint-Esprit nous donne la capacité de communiquer aux autres « l'amour, la joie, la paix, la patience, la bonté, la bienveillance, la foi, la douceur, la maîtrise de soi » (Galates 5:22-23) que Dieu nous a donnés. En raison de la grâce de Dieu, nous devenons des réconciliateurs pardonnés ! Nous pardonnons aux autres comme nous avons été pardonnés et les aidons à devenir réconciliés.

Comme leaders-serviteurs

C'est par nos actions que nous serons connus comme leaders-serviteurs. Dieu donne à chacun de nous au moins un don au bénéfice des autres. En utilisant ce don, nous devenons un leader de talent dans ce domaine de vie ou de travail. Selon

Pierre : « Comme de bons intendants des diverses grâces de Dieu, mettez chacun au service des autres le don que vous avez reçu » (1 Pierre 4:10). Sous la nouvelle gestion de Jésus, nos actions et nos modes d'opération changent. Nous nous détournons d'être (ou d'admirer) des tyrans qui dominent les autres et cherchons à devenir disciples de Jésus qui « est venu, non pour être servi, mais pour servir » (Matthieu 20:25, 28). En raison de la grâce de Dieu et de l'exemple de Jésus, nous devenons leaders-serviteurs qui utilisons les dons que Dieu nous a donnés au bénéfice des autres.

Willy Reimer, directeur exécutif de la Conférence Canadienne des Églises des Frères Mennonites, explique : « Il faut appliquer à la fois l'intellect, l'expérience et l'éducation à la situation en cours. Il est prévu qu'on utilise les dons spirituels accordés à chacun de nous par le Saint-Esprit, dons destinés à bénir la communauté dans laquelle nous vivons et servons, des dons tels que la sagesse, la foi, les mots de connaissance, le discernement, et la prophétie ».[12]

Comment aidons-nous les autres à être réconciliés et transformés ?

Les anabaptistes se considèrent comme les co-ouvriers avec Dieu pour la restauration des relations. Pour eux, Dieu désire nous réconcilier avec lui par Christ et « nous a donné le ministère de la réconciliation » (2 Corinthiens 5:18).

Les apôtres prirent Jésus au pied de la lettre quand il dit « Allez dans le monde entier proclamer la bonne nouvelle à toute la création. Celui qui croira et qui sera baptisé sera sauvé » (Marc 16:15-16). C'est en allant vers les autres et en les aidant à prendre des décisions sur leur vie à l'égard de Jésus que les apôtres aidaient les autres à se réconcilier avec Dieu. Quand la persécution força les apôtres à quitter Jérusalem, ils allèrent partout dans le monde connu, faisant des disciples et plantant des églises.

La chrétienté qui émergea après Constantin n'insistait pas sur la décision individuelle et sur la transformation intérieure tel que l'avait fait l'église primitive. Constantin et d'autres empereurs cherchaient à répandre la foi chrétienne et l'empire au moyen de l'autorité et de la force plutôt que par la transformation intérieure. C'est que la foi n'était souvent que de nom.

Au Moyen Âge et pendant la Réforme, les leaders catholiques et protestants pensaient que la grande commission avait été accomplie. Pour eux, tous les citoyens de leur pays ou de leur province, à l'exception des juifs et de certains autres, étaient chrétiens. Ils voyaient comme tâche principale d'aider tous les citoyens à devenir de meilleurs chrétiens au moyen des sacrements et par plus de fidélité aux règles de l'église et de ses leaders.

Les chrétiens anabaptistes rejetèrent cette notion du christianisme. Ils croyaient que chaque personne devait décider de se lancer ou non dans une relation volontaire et personnelle avec Jésus-Christ. Par conséquent, les premiers anabaptistes, tout comme les premiers apôtres, acceptaient la grande commission comme un ordre littéral. Aidés par le pouvoir du Saint-Esprit, ils devinrent le mouvement évangéliste du seizième siècle au sein de la chrétienté. Selon l'historien Franklin Littell : « Pour eux, le vrai pouvoir ne se trouvait ni chez le magistrat ni dans l'église territoriale mais dans le Saint-Esprit qui habitait en eux. Alors, à une époque où le protestantisme dominant cherchait à convaincre trois cents petits états à s'engager à une détermination territoriale de leur religion, les anabaptistes envoyaient leurs missionnaires partout où ils trouvaient une audience pour prêcher la repentance et le royaume de Dieu. Ensemble avec le psalmiste, ils croyaient que 'c'est à l'Éternel qu'appartient la terre avec tout ce qu'elle contient' et que la proclamation de l'Évangile ne devrait être interdite à aucune terre ».[13]

Les leaders anabaptistes clés traversaient l'Europe tout en cherchant avec persistance et avec passion à réconcilier les gens avec Dieu et les uns avec les autres.[14] Les archivistes ont trouvé que les missionnaires anabaptistes prêchaient à travers l'Allemagne, l'Autriche, la Suisse, le Hollande, et la France vers le milieu du seizième siècle. Plusieurs allèrent jusqu'au Danemark et en Suède dans le nord et en Grèce et à Constantinople dans le sud.

Il est clair que ceux qui écoutaient étaient invités à prendre une décision nette et à être baptisés sur la confession de leur nouvelle relation avec Jésus. Le missionnaire anabaptiste Leonard Bouwens tenait un journal dans lequel il nota la date et l'endroit exacts de plus de dix mille baptêmes qu'il fit ! D'autres prédicateurs anabaptistes comptaient aussi des milliers de convertis qu'ils baptisèrent. Mais encore plus impressionnant est le témoignage des centaines d'hommes et de femmes ordinaires qui étaient si remplis de la vie du Christ que leur famille, leurs voisins et leurs amis se reconnaissaient coupables du péché et étaient attirés à la vie pleine et transformée qu'ils observaient chez ces croyants.[15] Selon l'historien Hans Kasdorf : « Ce n'était pas seulement les leaders qui participaient activement à l'évangélisme. Il n'y avait pas de distinction entre une classe ministérielle formée à l'université d'une part et les laïcs de l'autre. Chaque membre avait le potentiel d'être prédicateur et missionnaire, chaque membre individuel avait l'égalité des chances pour s'avancer selon ses propres compétences, de même que dans l'église primitive ».[16]

Or, le prix de l'obéissance était élevé, et cet accroissement rapide fut de courte durée. En août 1527, soixante leaders se réunirent à Augsbourg en Allemagne pour une conférence missionnaire. Ils partirent en évangélistes itinérants pour proclamer l'évangile, baptiser les nouveaux convertis, organiser les églises et établir de nouveaux croyants dans la foi. Mais ils rencontrèrent la persécution intensive et la mort. Il n'y a que deux ou trois des soixante originaux qui ont vécu jusqu'à la cinquième année du mouvement. Le *Ausbund*, livre de cantiques de cette époque qui est toujours utilisé au culte chez les Amish, contient de courtes notes biographiques des auteurs à côté des cantiques qu'ils écrivirent, dont par exemple « brûlé vif 1525 » ; « noyée 1526 » ; et « pendu 1527 ». On connaît les noms de plus de deux milles martyrs, et on estime que quatre ou cinq milles « hommes, femmes, et enfants étaient victimes de l'eau, du feu et de l'épée ».[17]

Malheureusement, à cause de la persécution et de la perte de leurs leaders principaux, le mouvement anabaptiste a battu en retraite. Après avoir été chassés de leurs maisons et villages, les croyants se sont rassemblés en de nouvelles communautés où ils vivaient leur foi mais n'était pas orientés vers le rayonnement.

Les anabaptistes contemporains emploient des approches variées pour aider les autres à se réconcilier avec Dieu. Dans une consultation inter-mennonite sur l'évangélisme où se trouvaient plus de deux milles personnes, les représentants témoignèrent des formes variées par lesquelles les quêteurs ont été aidés à prendre la décision de suivre Christ. Parmi ces formes figurent le témoin de la paix, les ministères de la jeunesse, les médias de masse, l'action sociale, les drames, la musique, la prédication, l'éducation, les ministères médicaux, les visites personnelles, et les petits groupes.[18]

Qu'est-ce qui est essentiel au christianisme anabaptiste ?

Les anabaptistes croient que la foi et l'obéissance joyeuse vont forcément ensemble. Les quêteurs ont besoin d'aide pour décider s'ils vont accepter la grâce de Dieu et vont suivre volontairement Jésus dans la vie quotidienne.

Les anabaptistes croient qu'en ouvrant notre vie à l'Esprit de Dieu, notre nature (y compris nos pensées, notre attitude, et nos actions) est changée. Ceci s'oppose à ceux pour qui la nature reste pécheresse et le salut est limité à une expérience personnelle spirituelle ou à l'adhésion à une église.

Une vie transformée est vécue dans le cadre d'un groupe de disciples engagés. De temps en temps les conflits sont inévitables. Quand les relations entre les membres deviennent tendues, comment peuvent-ils se réconcilier les uns avec les autres ? Le chapitre suivant examine comment cela peut et doit se produire.

Questions de réflexion et de discussion

1. Quelles offenses perturbent notre relation avec Dieu ? Comment peut-on être réconcilié(e) avec Dieu ?

2. Réfléchissez aux différences parmi les croyants en ce qui concerne le rôle du salut et de la réconciliation dans la foi chrétienne.

De nombreux chrétiens focalisent sur :	Les chrétiens anabaptistes focalisent sur :
l'évangélisme ou bien la promotion de la paix comme le centre de notre mission.	la réconciliation comme le centre de notre mission.
l'idée qu'être chrétien(ne) signifie être membre d'une famille ou d'une église chrétienne.	l'idée qu'être chrétien(ne) signifie accepter la grâce de Dieu et son invitation à l'obéissance joyeuse.
l'idée qu'être sauvé(e) veut dire être épargné(e) de l'enfer pour l'éternité.	l'idée qu'être sauvé(e) veut dire être réconcilié(e) avec Dieu et avec la famille de Dieu.
le salut comme la remise générale et le pardon du péché.	le salut comme la délivrance précise du péché.
le salut comme une expérience personnelle spirituelle ; notre nature reste pécheresse.	le salut comme une expérience transformative ; notre nature est transformée.
l'évangélisme comme un don spécial.	l'évangélisme comme la responsabilité de tous les croyants.

3. De quoi les anabaptistes étaient-ils si passionnés qu'ils pouvaient évangéliser avec énergie malgré la persécution et la mort ?

4. Comment vous et votre église aidez-vous à réconcilier les individus avec Dieu ?

Les membres sont réconciliés les uns avec les autres

Si donc tu présentes ton offrande vers l'autel et que là tu te souviennes que ton frère a quelque chose contre toi, laisse ton offrande devant l'autel et va d'abord te réconcilier avec ton frère, puis viens présenter ton offrande.
Matthieu 5:23-24

COMME POUR TOUTE ASSOCIATION, LES MEMBRES D'UNE famille ou d'une église vont parfois vivre des conflits. Jésus, les disciples et les premiers anabaptistes avaient tous des conflits, tout comme chaque église et chaque dénomination. Ce qui est important à prendre en compte, c'est leur façon de surmonter leurs conflits et de retenir ou bien restaurer leurs relations.

Il est important de se rappeler que les conflits peuvent survenir des personnalités, croyances, buts, règlements, cultures et styles différents. Les disciples du Christ ont souvent des différends légitimes et sincères. Tous les conflits ne surviennent pas du péché. Paul et Barnabas avaient un différend quant à l'utilité de Marc. Par conséquent, deux équipes évangéliques virent le jour. Aucun péché ne fut impliqué (voir Actes 15:39-41).

Il est important de savoir que nous pouvons être en désaccord sans être désagréables.[1] Si la résolution du conflit focalise sur le problème, la réconciliation focalise sur la relation. On peut restaurer une relation même si nous ne pouvons pas résoudre un conflit.

L'œuvre de la réconciliation cherche à développer des relations saines entre les gens qui sont en désaccord les uns avec les autres. Quand ils font face à un conflit, les disciples du Christ sont encouragés à « penser à la réconciliation » plutôt que de décider rapidement qui a raison et qui a tort.

Dans ce chapitre, nous examinons l'approche de l'église face au conflit et plus précisément la manière dont les anabaptistes ont réconcilié des relations tendues ou rompues au sein de leurs rangs.

Comment l'église adressait-elle le conflit ?

Jésus devait faire face au conflit au sein de son groupe principal de disciples. Une fois, les disciples se disputaient au sujet de qui allait être le plus grand dans son royaume (voir Luc 9:46-48). Une autre fois, ils n'étaient pas d'accord avec Jésus quand il décida d'aller à Jérusalem pendant la période de Pâque (voir Mathieu 16:21-23). Jésus a pu utiliser les instances de désaccord pour enseigner des leçons et pour bâtir des relations plus serrées.

Malheureusement, les leaders de l'église de toutes les époques ont décidé de répondre à la pensée et au comportement déviants par moyen des punitions sévères. Les leaders pensaient que si les membres étaient punis de manière assez dure ils allaient changer leurs attitudes, leurs paroles et leurs actions. On considérait les déviants comme criminels qui devaient être corrigés. L'hérésie était vue comme un crime capital. Les autorités catholiques préféraient brûler les hérétiques sur un bûcher tandis que les Protestants exerçaient la décapitation et la noyade.

L'historien Walter Klaassen explique : « Ce que nous appelons aujourd'hui la persécution était considérée comme la discipline de l'église au seizième siècle. On considérait les anabaptistes toujours comme membres de l'église qui avaient erré. Alors les autorités de l'église se sentaient responsables pour eux. La discipline était souvent sévère et comprenait l'emprisonnement, la torture, l'exil, la déchéance d'un droit de propriété, et même la mort. La peine de mort comme acte ultime de discipline a une longue histoire. Le seul moyen de se débarrasser d'un hérétique incorrigible était de le mettre à mort ».[2]

Comment les premiers anabaptistes adressaient-ils le conflit ?

Les leaders anabaptistes avaient une approche différente de celle des leaders catholiques et protestants. S'ils admettaient que les gouvernements séculiers puissent utiliser l'épée pour résoudre les différends, ils rejetaient la légitimité de la torture, l'emprisonnement et la mort comme moyens de discipline.

Les premiers leaders anabaptistes insistaient qu'il fallait s'adresser aux faux serments, à la violence, à l'ivrognerie et a la débauche qui étaient trop souvent tolérés par l'église. Cependant, ils voulaient s'y adresser à la manière du Christ, donc au lieu des punitions sévères ils adoptaient ce qu'on appelait la loi du Christ. Cette loi du Christ devint leur façon principale de s'occuper des hérétiques et de ceux qui ne suivaient plus Jésus dans la vie quotidienne.

Selon la loi du Christ telle qu'elle est écrite dans Matthieu 18, si un membre de l'église s'implique au péché ou à l'hérésie, voilà ce que les leaders devraient faire :

1. Parler directement à la personne : « Si ton frère a péché [contre toi], va et reprends-le seul à seul. S'il t'écoute, tu as gagné ton frère » (Matthieu 18:15). (Il faut reconnaître que dans beaucoup de contextes culturels tels que ceux de l'Est, on fait souvent appel à un intermédiaire de la famille pour aider à résoudre un conflit.)

2. Trouver de l'aide objective : « Mais s'il ne t'écoute pas, prends avec toi une ou deux personnes, afin que *toute l'affaire se règle sur la déclaration de deux ou de trois témoins* » (Matthieu 18:16).

3. Consulter l'église : « S'il refuse de les écouter, dis-le à l'Eglise » (Matthieu 18:17). Aujourd'hui, consulter l'église pourrait indiquer parler de la question à une réunion du conseil de l'église.

4. Laisser aller la personne : « Et s'il refuse aussi d'écouter l'Eglise, qu'il soit à tes yeux comme le membre d'un autre peuple et le collecteur d'impôts » (Matthieu 18:17). On enlève la personne de la liste des membres pour la mettre sur la liste d'évangélisme comme un non-croyant qui a besoin de la réconciliation.

Qu'est-ce que le cycle de la réconciliation ?

Ron Kraybill, practicien de la résolution du conflit, créa un outil qui s'appelle « le cycle de réconciliation » qui est une façon d'interpréter et d'appliquer la loi du Christ. Cet outil a aidé de

nombreuses personnes à apprendre à réconcilier et à se réconcilier les uns avec les autres.

Également conseiller de formation à l'Accord de Paix
National d'Afrique du Sud, Kraybill basa le cycle sur
ses expériences avec les habitants avant l'abolition de
l'apartheid.[3] Lui avec bien d'autres, y compris le personnel des
Nations Unies, l'ont utilisé dans beaucoup d'autres situations
de conflit.

Si la résolution du conflit est traitée différemment dans des
cultures différentes, nous utilisons le « cycle de la réconciliation » comme modèle de base pour résoudre le conflit et pour
restaurer les relations entre les individus et entre les groupes.
Il est peut-être nécessaire de le modifier selon le contexte et la
culture.

Les sept étapes dans le cycle de la réconciliation peuvent être
représentées par ce schéma.

Le cycle de la réconciliation

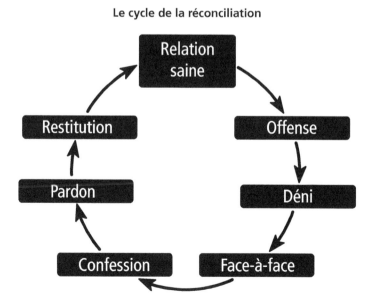

Dans le chapitre 4, j'ai décrit une situation qui s'est produite entre un homme que j'appelle Vernon, président de l'assemblée, et John, président des anciens de cette assemblée, pendant mon premier pastorat. Vous vous rappelez que Vernon avait blessé John à une réunion de l'assemblée en disant que son idée était « stupide ». Voilà comment Vernon et John se réconcilièrent selon les étapes du cycle de la réconciliation.

1. Une relation saine : Au départ, Vernon et John avait une relation saine. Ils se racontaient et partageaient de manière profonde, tenaient leurs promesses, et vivaient dans un esprit de confiance.

2. L'offense : Vernon blessa John à une réunion de l'assemblée en disant que son idée était « stupide ». Une offense est une attitude, une parole ou une action qui fait du mal à une autre personne. La confiance et l'amitié entre Vernon et John étaient rompues par l'offense jusqu'au point où les deux ne se parlaient plus le dimanche matin.

3. Le déni : Au départ, Vernon niait qu'il avait fait du mal en disant : « C'était pour plaisanter », « Je n'avais pas l'intention de faire du mal », « John est trop sensible ». Le déni est le refus de la vérité qu'on fait en se justifiant, en blâmant ou en se comportant comme si rien ne s'était passé. Le déni offre un soulagement provisoire au coupable, mais en fin de compte, cela aggrave la situation.

4. Le face-à-face : J'ai mis Vernon face au besoin de la réconciliation et ai amené ensemble les deux hommes pour un dialogue de face-à-face. J'ai promis que cette réunion allait avoir lieu dans un environnement sûr et qu'il n'y allait avoir ni interruption ni réfutation. Si on le fait de manière attentionnée, le face-à-face aide le coupable à confronter la vérité.

5. La confession : À la réunion de face-à-face, j'ai d'abord demandé à John, l'ancien qui avait été blessé, de parler franchement et ouvertement de ses sentiments de gêne, de blessure et de colère. Vernon, le président, devait écouter sans réfuter. Quand John parlait, Vernon se rendit compte que la blessure de John était réelle. D'un esprit de repentance, il demanda pardon à John en disant : « Je me rends compte que ce n'est pas seulement ce que j'ai dit mais aussi ma façon de le dire qui n'était pas bien ». Confesser, c'est dire la vérité sur quelque chose qui a été dite ou faite. La confession est souvent le point tournant pour la résolution du conflit.

6. Le pardon : Vernon se mit face à John et dit : « Pardonne-moi, s'il te plaît ». Après un moment, John lui tendit la main et répondit : « Je te pardonne ». Les deux hommes s'embrassèrent, et le dimanche suivant, on les vit en train de se parler dans le hall d'entrée. Le pardon nous permet de nous occuper d'une offense. Il oblige à une personne blessée, en ce cas John, d'absorber la blessure ou la responsabilité que le coupable, en ce cas Vernon, devrait en fait payer. En offrant le pardon, John se libéra du désir de revanche et des actions de vengeance.

7. La restitution : À la réunion de l'assemblée suivante, avec la permission de John, Vernon partagea avec l'assemblée qu'il avait blessé John à la réunion précédente et que John l'avait gracieusement pardonné. Pour qu'il y ait la restitution, il faut compenser et faire amende honorable pour le dommage, la perte, ou la blessure. Le but de la restitution, c'est que le coupable fasse preuve du remords en essayant de restaurer l'objet ou la relation à sa condition originelle. Le partage fait par Vernon restaura le respect pour John

et le confirma comme un homme qui offrait à l'assemblée des qualités louables de leader spirituel.

Quels autres modèles y a-t-il pour résoudre le conflit ?

En plus de la loi du Christ, les apôtres suivaient d'autres modèles pour résoudre le conflit. Par exemple, dans Actes 6 quand les veuves étaient négligées, les responsables étudièrent le problème dans tous ses aspects et proposèrent une solution. Dans ce cas, c'est la communauté entière qui participa à sélectionner sept personnes pour superviser le programme de distribution d'aliments (voir Actes 6:1-7). Cela résolut le problème.

Plus tard quand on n'était pas d'accord de ce qu'on devait s'attendre de la part des convertis du monde grec, les personnes impliquées se rassemblèrent à ce qu'on appelle la Conférence de Jérusalem. À l'aide de l'Écriture, de la tradition, du partage des expériences et de la présence vivante de Jésus, le conseil discerna ce qui était essentiel pour devenir disciple du Christ. Ils décidèrent d'être fermes sur les bases et souples sur les choses moins importantes (voir Actes 15:1-29).

L'apôtre Paul apprit que les chrétiens de Corinthe employaient les tribunaux séculiers pour résoudre leurs conflits. Il dit : « Ainsi, il n'y a parmi vous pas un seul homme sage qui puisse juger entre ses frères et sœurs ! » (1 Corinthiens 6:5). Même si passer devant un tribunal peut résoudre un conflit, de nombreuses personnes ont trouvé que cela ne restaure pas une relation.[4] C'est pour cette raison qu'il vaut mieux aider ceux qui ont un conflit à travailler ensemble en faveur des solutions où tout le monde y trouve son compte. Ceci demande de la collaboration pour fixer et atteindre les buts en commun. Il faut nourrir et renforcer les relations pendant tout le processus de réconciliation.

Comment tenir responsables les membres ?

Augustin et Luther croyaient que la vraie église était invisible aux êtres humains. Seul Dieu pourrait dire qui était un vrai croyant. Les anabaptistes, par contre, croyaient qu'en observant les attitudes, les paroles, et les actions, il était possible de discerner qui était disciple du Christ et qui ne l'était pas. Ils s'attendaient à des standards d'éthique élevés de la part des membres et voulaient se tenir et surtout tenir responsables les leaders de leurs promesses. Ceux qui n'étaient pas fidèles à leurs vœux de baptême ou aux standards de l'église étaient disciplinés selon la loi du Christ.

Dans les cercles anabaptistes aujourd'hui, on demande ceux qui veulent être baptisés ou devenir membres de faire des promesses desquelles ils seront tenus responsables. On leur pose des questions telles que les suivantes :

- Avez-vous renoncé aux pouvoirs malfaisants de Satan et de ce monde et êtes-vous tourné(e) à Jésus Christ comme votre Seigneur et Sauveur ?
- Désirez-vous être reçu(e) comme membre de cette assemblée sur la base de son alliance d'assemblée ?
- Acceptez-vous de donner et de recevoir les conseils dans le contexte de cette assemblée ?
- Êtes-vous prêt(e) à participer à la mission de cette assemblée ?
- S'il y a un frère ou une sœur dans le besoin, vos biens sont-ils disponibles pour eux ?[5]

Alors l'assemblée s'engage avec les nouveaux membres par une déclaration semblable à celle-ci.

En vous recevant au sein de l'église, nous faisons cette alliance avec vous et en même temps renouvelons notre alliance avec Dieu : de porter les fardeaux les uns des autres, de s'offrir de l'aide quand on est dans le besoin, de partager nos talents et nos biens, de se pardonner comme Christ nous a pardonné, de se soutenir dans la joie et dans la peine, et en toute chose d'œuvrer en faveur du bien commun pour ainsi faire connaître la présence du Christ parmi nous, à la gloire de Dieu.[6]

À l'époque des premiers anabaptistes, la communion était un moment où l'on tenait responsables les membres des promesses qu'ils avaient faites au baptême ou en devenant membres. Dans un avant-culte distinct on demandait aux membres de s'examiner sur la question de leur communion avec Dieu et les uns avec les autres. Ceux qui ne vivaient pas selon leurs promesses et qui ne changeaient pas leurs mauvaises habitudes recevaient du conseil pastoral, une admonition, ou bien ces deux choses. Dans les cas extrêmes, ils recevaient une « exclusion », ce qui voulait dire qu'on les excluait de s'associer avec les membres jusqu'à ce qu'ils aient fait un nouvel engagement.

Malheureusement, tout en aidant les membres à examiner leurs vies, les pasteurs et les évêques devenaient souvent prompts à critiquer. Dans *The Naked Anabaptist* (*L'anabaptiste nu*) Stuart Murray explique : « Aujourd'hui les anabaptistes, qui sont prudents à juste titre à cause des abus dans ce domaine, veulent toutefois nourrir et développer les églises dans lesquelles on comprend, applique et accorde de l'importance à la responsabilité mutuelle. Celle-ci est un antidote aux ragots et à la médisance, une défense contre les factions et les divisions, et une ressource pour la croissance spirituelle... Quand les relations se dégradent, il y a une méthode qui mène à la guérison et à la restauration ».[7]

Selon Marlin Jeschke, avocat contemporain de la discipline appropriée à l'église : « Le mot *discipline* a la même origine que le mot *disciple*. De la même manière que le but de l'évangélisme est de faire des disciples de ceux qui ne sont pas encore devenus chrétiens en les intégrant à la communauté, le but de la discipline est de restaurer à la communauté ceux qui ont erré ».[8]

Je me souviens bien quand mon père, qui était membre du comité de l'église, rendit visite personnellement à Ron, un assez nouveau membre. Ron avait manqué la communion trois fois de suite. Mon père examina les raisons et essaya de le restaurer à la communauté.

Ervin Stutzman, directeur exécutif de Mennonite Church USA, dit : « Le but de toute discipline saine de l'église est de permettre aux gens de devenir de meilleurs disciples de Jésus Christ. La discipline marche rarement à moins que la personne disciplinée cherche sincèrement à devenir une meilleure chrétienne ».[9]

Qu'est-ce qui est essentiel au christianisme anabaptiste ?

Les premiers anabaptistes voyaient l'église comme un groupe de croyants exceptionnellement alliés qui avaient été réconciliés avec Dieu et les uns avec les autres. Ils cherchaient à se tenir responsables des engagements qu'ils avaient faits envers Dieu et les uns envers les autres au baptême.

Les premiers anabaptistes adoptèrent la loi du Christ comme leur guide de base pour la discipline au sein de l'église. Ceci est à l'inverse de l'église principale qui utilisait la punition pénale pour forcer les membres déviants à changer. À son mieux, au cours des années la communion a provoqué des expériences de joie parce que les participants célèbrent et rendent grâce du fait qu'ils ont été pardonnés non seulement par Dieu mais aussi par ceux qui participent à l'expérience de la communion.

En plus d'aider les individus à réconcilier avec Dieu et les uns avec les autres, le ministère de la réconciliation nous appelle à l'œuvre de réconcilier les gens en conflit dans le monde. Voilà le sujet du chapitre suivant.

Questions de réflexion et de discussion

1. Pouvez-vous raconter l'histoire de deux individus ou de deux groupes qui avaient un conflit et depuis ont été réconciliés ? Quelles étapes de la loi du Christ ou du cycle de la réconciliation ont été employées ?

2. Discutez des attitudes suivantes qu'avaient les croyants en Christ à l'égard de la réconciliation des membres les uns avec les autres.

De nombreux chrétiens focalisent sur :	Les chrétiens anabaptistes focalisent sur :
la décision de qui a raison et qui a tort dans un conflit.	l'effort de « penser à la réconciliation » face au conflit.
la punition des coupables dans l'espoir qu'ils changeront.	l'aide aux coupables à confesser clairement ce qui a été dit ou fait.
la mise en place des lois plus sévères et de leur application plus stricte.	l'effort de tenir les membres responsables des promesses qu'ils ont faites.
l'invitation à tous à participer à la communion.	l'invitation aux participants à examiner leurs relations avec Dieu et les uns avec les autres.

3. Quel est l'objectif quand on confronte le ou la coupable ? Quand est-il important de faire cela ?

4. Pourquoi est-ce que le fait de passer devant un tribunal échoue souvent à la restauration d'une relation ?

NEUF

Les conflits humains sont réconciliés

Si en effet nous vivons dans la réalité humaine, nous ne combattons pas de façon purement humaine. En effet, les armes avec lesquelles nous combattons ne sont pas humaines, mais elles sont puissantes.
2 Corinthiens 10:3-4

SI DE NOMBREUX CHRÉTIENS VOIENT LA CONSTRUCTION DE la paix comme un complément facultatif à l'évangile, selon les chrétiens anabaptistes elle est au cœur de l'évangile. Jésus, le Prince de la Paix et le centre de notre foi, est la raison pour laquelle la réconciliation est au centre de notre mission. « Il a voulu par Christ tout réconcilier avec lui-même, aussi bien ce qui est sur la terre que ce qui est dans le ciel, en faisant la paix à travers lui, par son sang versé sur la croix » (Colossiens 1:20).

Depuis leur commencement, être pacifiques et œuvrer pour la paix ont été des caractéristiques des anabaptistes. Selon Bruxy Cavey, pasteur enseignant d'une église multi-endroit dans l'Ontario : « Nous sommes une église de paix parce que nous sommes de prime abord une église de Jésus. Jésus nous guide sur la voie de la paix. Nous nous préoccupons de la réconciliation parce que Jésus se préoccupe de la réconciliation. Nous nous préoccupons de la justice parce que nous tenons à Jésus ».[1]

Dans ce chapitre nous examinons comment les premiers chrétiens et les premiers anabaptistes cherchaient à réconcilier le conflit. Nous opposerons leurs méthodes de la construction de la paix à celles de ceux qui choisissent la violence. Nous porterons attention surtout sur les efforts pour la construction de la paix faits par des gens d'esprit anabaptiste de nos jours.

Quel rapport Jésus avait-il avec le conflit ?

Les juifs s'attendaient à ce que leur Messie arrive comme un leader de révolution violente qui allait mettre les choses au point en détruisant les malfaisants et leurs manies injustes. Cependant, Jésus arriva comme le Prince de la Paix et dit : « Aimez vos ennemis et priez pour ceux qui vous persécutent, afin d'être les fils de votre Père céleste » (Matthieu 5:43-45a).

Jésus dit aussi : « Heureux ceux qui procurent la paix, car ils seront appelés fils de Dieu ! » (Matthieu 5:9). Il exhorta ses disciples : « Mais moi je vous dis de ne pas résister au méchant. Si quelqu'un te gifle sur la joue droite, tends-lui aussi l'autre. Si quelqu'un veut te faire un procès et prendre ta chemise, laisse-lui encore ton manteau. Si quelqu'un te force à faire un kilomètre, fais-en deux avec lui » (Matthieu 5:39-41). Jésus introduisit l'idée que ce sont nos attitudes et nos actions envers le conflit qui sont transformées par la régénération intérieure.

Selon le leader mennonite Ervin Stutzman : « La construction de la paix chrétienne doit équilibrer l'insistance sur l'initiative de Dieu et l'appel à une réponse humaine. Une telle paix est amenée seulement par l'action divine de Dieu pour transformer la vie humaine et l'interaction sociale ».[2]

Pour Jésus, le royaume de Dieu serait un royaume de relations pacifiques qui serait différent des autres royaumes de ce monde. Quand Pilate lui demanda s'il cherchait à être le « Roi des juifs », Jésus répondit : « Mon royaume n'est pas de ce monde. Si mon royaume était de ce monde, mes serviteurs auraient combattu » (Jean 18:36).

Jésus fit preuve d'une attitude spéciale en faveur de la construction de la paix pendant sa crucifixion et sa mort. Dietrich Bonhoeffer, avocat allemand du discipulat, explique : « C'était précisément la croix . . . l'échec du Christ dans le monde . . . qui mena à son succès au cours de l'histoire ».[3] Jésus dévoila et surmonta le mal en se permettant d'être tué plutôt que tuer lui-même. C'est ainsi qu'il fit preuve d'une nouvelle façon de surmonter le péché ainsi que les principautés et les pouvoirs de ceux manipulés par Satan. C'est par sa vie, sa mort et sa résurrection qu'il transforma les cœurs des êtres humains et leur donna les moyens de vivre comme il avait vécu.

L'apôtre Pierre encouragea les nouveaux croyants à suivre l'exemple de Jésus, « lui qui insulté ne rendait pas l'insulte, maltraité ne faisait pas de menaces » (1 Pierre 2:23).

Quel rapport les premiers chrétiens avaient-ils avec le conflit ?

Jésus délégua la tâche de la réconciliation à ses disciples. L'apôtre Paul dit : « Et tout cela vient de Dieu qui nous a réconciliés avec lui par Christ et qui nous a donné le ministère de la réconciliation » (2 Corinthiens 5:18).

Paul suivait les traces de Jésus quand il dit : « Ne vous vengez pas vous-mêmes, bien-aimés, mais laissez agir la colère de Dieu, car il est écrit : *C'est à moi qu'appartient la vengeance, c'est moi qui donnerai à chacun ce qu'il mérite, dit le Seigneur. Mais si ton ennemi a faim, donne-lui à manger, s'il a soif, donne-lui à boire, car en agissant ainsi, tu amasseras des charbons ardents sur sa tête.* Ne te laisse pas vaincre par le mal, mais sois vainqueur du mal par le bien » (Romains 12:19-21).

Parmi les plus grands défis auxquels l'apôtre Paul et l'église primitive faisaient face était la réconciliation mutuelle des juifs avec les non-juifs. Les membres de ces deux groupes avaient un conflit grave, mais quand ils devinrent réconciliés avec le Christ, ils atteignirent aussi la paix les uns avec les autres. Les premiers chrétiens pouvaient dire triomphalement de leurs églises : « Il n'y a plus ni juif ni non-juif, il n'y a plus ni esclave ni libre, il n'y a plus ni homme ni femme, car vous êtes tous un en Jésus-Christ » (Galates 3:28).

Malgré les guerres et les rumeurs de guerre, les premiers chrétiens s'engageaient à la paix. De ce qu'on en sache, aucun disciple de Jésus ne participa au combat militaire pendant les deux premiers siècles de l'histoire de l'église. On dirait que la réconciliation plutôt que le conflit armé était au centre de leur mission.

Mais il y eut des changements quand l'église et l'état ont été conjugués. Les empereurs, qui étaient en fait guerriers, s'attendaient très vite à ce que les chrétiens se battent contre le mal comme tout le monde. À peine un siècle plus tard, en 416 de notre ère, on ne permettait que les gens d'origine chrétienne dans l'armée.[4]

Augustin essaya de trouver une justification pour la participation des chrétiens au conflit violent en développant des directives qu'on appelle aujourd'hui la théorie de la guerre juste. De nos jours il y a de nombreux chrétiens qui croient que si on suivait à la lettre les préalables morals de la théorie de la guerre juste, il n'y aurait que peu de guerres. Cependant, dès le départ les anabaptistes signalèrent maintes problèmes avec cette théorie, dont, par exemple :

- La théorie dit que « la guerre doit être pour une cause juste ou légitime ». Or, il est inéluctable que les deux côtés considèrent leur côté comme juste.

- La théorie suppose que le mal peut être surmonté par la violence, mais l'histoire montre que la violence amène plus de violence. La violence doit être surmontée par la *non*-violence.

- La théorie dit que la guerre est justifiée si c'est le dernier recours. Pourtant, les recherches montrent qu'il a toujours eu des alternatives à la guerre.[5] On devrait donner la plus haute récompense à ceux qui empêchent la guerre.

Stuart Murray dit que les églises qui embrassent la théorie de la guerre juste fêtent souvent aussi les efforts de guerre de leurs gouvernements : « Depuis des siècles, les églises ont soutenu la violence mortelle, béni les armes de la guerre, prié pour le succès militaire, célébré les victoires par des actes de culte, et déployé les missionnaires sous la protection des armées conquérantes ».[6]

Pour les anabaptistes, les chrétiens doivent dire fermement « Non ! » à la participation à la violence et à la guerre. Bien que la violence ait du sens selon la logique du monde, les chrétiens appartiennent au Christ qui nous transforme et nous appelle clairement à vivre d'une autre manière. Jésus était clair : les gens qui le suivent ne devraient pas tuer ou détruire. Les gens transformés ne font pas de telles choses !

Quel rapport les premiers anabaptistes avaient-ils avec le conflit ?

Dès le départ, les croyants anabaptistes prenaient une position contre la violence. Tout comme les premiers disciples, la plupart des premiers anabaptistes refusaient de s'engager dans l'armée, bien que les Turcs musulmans essayaient d'envahir l'Europe et étaient aux portes de Vienne. Les anabaptistes étaient convaincus que les croyants ne devaient pas « prendre l'épée » ou infliger la souffrance sur autrui. Il était préférable d'endurer la souffrance plutôt que de l'infliger ou bien de prendre la vie d'un poursuivant.

Regrettablement, un groupe d'anabaptistes radicaux n'était pas engagés à la non-violence. En 1534, ces extrémistes prirent de force et à tort la ville de Münster. En essayant de régner, ils employèrent la violence et introduisirent un système de dominance. La Rébellion de Münster, comme on l'appela plus tard, dura jusqu'en juin 1535 quand la ville fut reconquise par les anciennes autorités. L'action des ces extrémistes donna aux anabaptistes une mauvaise réputation chez certains, qui a duré jusqu'au présent.

Avant 1540, les croyants anabaptistes étaient arrivés au consensus général que les chrétiens nés de nouveau et baptisés devaient refuser de participer à la violence.[7] Les anabaptistes croyaient qu'ils devaient faire ce que Jésus aurait fait dans leur situation. Ceci s'opposait nettement à Augustin, à Martin Luther et aux autres qui croyaient que les chrétiens devaient obéir au gouvernement quand il les appela à la guerre.

Pendant la Révolution américaine et la Guerre de Sécession, il y a de nombreux croyants anabaptistes qui payèrent une taxe spéciale au gouvernement ou trouvèrent d'autres manières pour être dispensés du service militaire. Au cours du dix-neuvième et du vingtième siècle, de nombreux objecteurs de conscience quittèrent la Russie et d'autres pays européens pour s'établir dans des pays d'Amérique du Nord et du Sud où on leur promit une alternative au service militaire.

Pendant la Première Guerre mondiale, les objecteurs de conscience en Amérique du Nord étaient souvent tournés en dérision et emprisonnés pour avoir refusé de s'intégrer au service armé. Parfois leurs églises furent incendiées et plusieurs objecteurs de conscience furent torturés jusqu'à la mort. Au cours des guerres suivantes, on arriva aux accords qui permettaient aux objecteurs de conscience de choisir le service alternatif.

Quel rapport d'autres groupes ont-ils avec le conflit ?

Aujourd'hui, les gens ont au moins cinq moyens qu'ils emploient pour chercher à surmonter ou à vaincre ceux avec qui ils ont un conflit comme le montre le schéma à la page 147. Il est évident que les gens voient le mal de manières différentes et donc cherchent à le vaincre ou à le surmonter de manières qui s'opposent. On peut décrire les méthodes pour surmonter le conflit ainsi :

Les terroristes considèrent injustes ou méchants les leaders ou les valeurs d'un système dominant ou envahissant. De leur point de vue, le système dominant est déchu. Puisque les leaders du statu quo ne sont pas disposés à abandonner leurs valeurs ou leur pouvoir volontairement, les terroristes emploient la violence afin de les vaincre. Sous la direction des extrémistes, ils cherchent à renverser le système actuel au moyen de la révolution violente. Ils diraient : « Il y a certains gens qui doivent mourir ».

Les militaristes considèrent malfaisantes les actions violentes et révolutionnaires des terroristes et des criminels. Sous la direction des officiers formés, ils cherchent à vaincre leur violence avec une plus grande violence. Malheureusement, il y a souvent un manque de compréhension des points de vue et des valeurs de l'ennemi. L'entraînement de base pour le combat s'oppose en général à l'esprit du Christ et de son enseignement.[8] Traditionnellement, selon les anabaptistes un gouvernement séculier pourrait avoir besoin d'employer la violence pour vaincre le mal, mais les chrétiens ne devraient pas du tout y participer. Ils croient que la violence, et même la contre-violence, amène souvent plus de violence.

Les pacifistes disent un « non » net à la violence et à la prise de vie humaine. Dans le passé, les anabaptistes ont été réputés pour leur désistement du conflit, y compris de toute participation aux opérations militaires et même du gouvernement séculier. Mais pour de nombreux anabaptistes contemporains, le pacifisme est trop passif. Ils ont laissé derrière la non-résistance stricte en faveur de l'action non-violente contre le mal.

Les artisans de la paix disent « non » à la guerre et à la violence mais vont un pas plus loin. Ils cherchent activement à corriger l'injustice et à supprimer les causes de la violence. Ils ont comme but d'engendrer une révolution pacifique en s'adressant aux inégalités, en faisant preuve de compassion et en mettant en pratique des programmes de la justice réparatrice qui transforme les ennemis en amis.

Les guerriers spirituels accordent leur confiance à la justice et à la puissance de Dieu pour surmonter les pouvoirs du mal. C'est en exerçant la prière, le jeûne, l'exorcisme et l'imposition des mains qu'ils comptent sur la grâce et le pouvoir de Dieu pour changer les cœurs et les attitudes de ceux qui provoquent le conflit.

Les leaders anabaptistes ont été convaincus que c'est à nous d'être artisans de la paix. C'est à nous de lutter contre le mal aussi vivement—et même plus vivement—que n'importe qui d'autre, mais c'est de manière différente qu'il faut lutter. Nous disons, tout comme l'apôtre Paul : « Si en effet nous vivons dans la réalité humaine, nous ne combattons pas de façon purement humaine. En effet, les armes avec lesquelles nous combattons ne sont pas humaines, mais elles sont puissantes, grâce à Dieu, pour renverser des forteresses » (2 Corinthiens 10:3-4).

	Terroristes	Militaires	Pacifistes	Artisans de la paix	Guerriers spirituels
Leur stratégie	Violent Révolutionnaire	Anti-révolutionnaire	Anti-complexe-industriel-militaire	Révolutionnaire pacifique	Prier, exorciser les démons, imposer les mains
Leur devise	« Certains doivent mourir ».	« Protégeons le statu quo ».	« La violence engendre la violence ».	« Surmontons le mal par le bien ».	« Restons là. Dieu livrera bataille ».
Leur attitude envers la violence	**Oui** à la violence	**Oui** à la violence	**Non** à la violence	**Oui** à l'amour et à la justice réparatrice	**Non** à la violence
Leurs leaders	**Les extrémistes** sont aux commandes	**Les généraux** sont aux commandes	**La conscience** est aux commandes	**Les principes de Jésus** sont aux commandes	**Les guerriers spirituels**

Ensuite, nous examinons les trois moyens principaux par lesquels les anabaptistes contemporains cherchent à surmonter le mal et le conflit qui en résulte. Ce sont l'action non-violente, la justice réparatrice et le service alternatif.

Comment réconcilie-t-on le conflit par l'action non-violente ?

Jésus exerça l'action non-violente quand, assis sur un âne plutôt que sur un cheval blanc, il mena des milliers d'adhérents à Jérusalem. Un âne était connu comme un animal servant, à l'opposé d'un cheval blanc, qu'on associait au pouvoir militaire (voir Matthieu 21:1-11). Jésus n'amorça pas de conflit.

Les premiers chrétiens et anabaptistes vivaient leur foi même quand ils étaient persécutés, chassés de leurs maisons, et même tués. Ils continuaient à vivre de manière non-violente face à la possibilité du bûcher. Ils choisissaient de souffrir plutôt qu'imposer la souffrance sur autrui. Quand les gens observaient le caractère de ces croyants, leur témoignage non-violent solide devint le germe de l'église. Malgré la persécution, l'église crût rapidement.

Selon Ronald J. Sider, fondateur et président émérite du groupe Evangelicals for Social Action (Les Évangéliques pour l'Action Sociale) : « La révolution non-violente de Mahatma Gandhi vainquit l'Empire Britannique et. . . la croisade pacifique de droits civiques de Martin Luther King Jr. changea l'histoire de l'Amérique. Il y a eu des centaines d'instances de victoire non-violente sur la dictature et sur l'oppression au cours des cent dernières années. Les études récentes ont montré que les révolutions non-violentes contre l'injustice et la dictature ont en effet plus de succès que les campagnes violentes ».[9]

L'action non-violente se réfère aux méthodes et aux stratégies diverses. Gene Sharp, qui est aujourd'hui le spécialiste le plus renommé de la non-violence, décrit les 198 tactiques de l'action non-violente.[10] Celles-ci comprennent la persuasion verbale et symbolique par la non-coopération sociale, économique et politique, y compris le boycott et la grève ainsi que les interventions plus agressives mais toujours non-violentes.

Selon Sider, « L'action non-violente n'est pas pareille à la non-résistance passive. La coercition n'est pas nécessairement violente. La coercition non-mortelle telle qu'un boycott ou bien une marche pacifique qui respecte l'intégrité et le statut de personne de 'l'adversaire' n'est ni immorale ni violente. Elle a comme but de mettre fin à l'oppression et de réconcilier l'oppresseur par les méthodes non-violentes ».[11]

Un petit exemple tout de même bien visible est l'action non-violente du mouvement de Christian Peacemaker Teams (Équipes d'Artisans de la Paix Chrétiens). CPT est allé à des endroits de haute tension tels que l'Iraq, l'Irelande, la Palestine et la Colombie afin de se mettre entre les groupes en conflit. C'est ainsi qu'ils empêchent la violence et construisent des ponts pour la paix. Actuellement, ce mouvement compte à peu près trente militants à plein temps à des endroits différents ainsi que plus de 150 réservistes formés, qui sont disponibles quand le besoin devient prononcé.[12]

En Colombie, une entreprise qui s'appelle Daabon avait confisqué les terres des cultivateurs locaux afin de cultiver l'huile de palme utilisée par le Body Shop, entreprise qui se promeut comme éthique et « verte ». C'est après un an et demi de pression non-violente faite par les membres de CPT—l'action non-violente dans les magasins, une campagne de lettres, et un boycott économique—que le Body Shop annula son contrat, l'entreprise Daabon se retira et les cultivateurs retournèrent à leurs terres.[13]

Comment réconcilie-t-on le conflit par la justice réparatrice ?

La justice réparatrice a pour but de rectifier les choses dans le monde afin qu'il y ait la paix. Le Pape Paul VI insistait sur ce moyen d'œuvrer pour la paix quand il dit : « Si vous voulez œuvrer pour la paix, œuvrez pour la justice ! »[14]

Le Programme de la Réconciliation Victime-Malfaiteur (RVM) fondé par les Mennonites d'Amérique du Nord est un exemple d'un effort à résoudre le conflit par la justice réparatrice. Comme exemple du processus de ce programme, il y a l'histoire d'un jeune homme qu'on appelle Rick qui avait été arrêté pour avoir volé la voiture de Scott. Le juge voulait empêcher Rick, qui était frappé par la pauvreté, de s'initier à d'autres crimes, donc il confia le cas au programme local de RVM. Un bénévole de ce programme parla d'abord en privé avec Rick puis avec Scott, les invitant à trouver une solution au conflit par une réunion en face-à-face où ils devaient discuter les détails du conflit et les solutions possibles. Quand ils étaient assis l'un face à l'autre à la même table, le bénévole demanda à Rick, le malfaiteur, de partager en détail et sans interruption précisément quand, comment et pourquoi il avait volé la voiture de Scott et ce qu'il en avait fait. Puis le bénévole demanda à Scott, la victime, de partager avec Rick les émotions de confusion, de colère, de frustration et de perte que lui et sa famille ressentaient en conséquence du crime.

Rick répondit à la peine de Scott avec des excuses et un désir d'arranger les choses. Le bénévole de RVM aida Rick et Scott à envisager des chemins qui allaient aboutir à la justice, ce qui entraîna Rick à accepter de payer le kilométrage qu'il avait mis sur la voiture de Scott, de faire quarante heures de service dans la communauté et d'assister à une série de cours sur la planification financière. Le bénévole de RVM présenta au juge son

rapport sur le dialogue ainsi que les conditions de réconciliation convenues. Dans ce cas, le juge décida que la justice fut
rendue par les conditions. Il confia à un agent de probation de
faire le point tous les quinze jours afin d'assurer que les accords
faits par Rick et Scott se réalisent. Si non, Rick devait purger
une peine d'un an en prison.

Grâce à son emploi de la justice réparatrice plutôt que la justice punitive, il y a aussi un système scolaire qui vit diminuer
de 40 pourcent les exclusions. Plus de 88 pourcent des enseignants impliqués dirent que les pratiques de la justice réparatrice étaient très ou assez utiles pour gérer les mauvais comportements.[15] D'autres recherches affirment que l'emploi du
modèle de la justice réparatrice avec les jeunes qui avaient des
problèmes à l'école a affecté le comportement, le taux d'achève-
ment et l'absentéisme de manière importante.

Comment réconcilie-t-on le conflit par le service alternatif ?

À des moments et à des endroits différents, les mennonites ont
négocié des accords avec le gouvernement qui permettaient
aux objecteurs de conscience de faire un service alternatif, qui
contribua au bien-être de la nation. Ceci est vrai aux États-Unis
et au Canada pendant la Seconde Guerre mondiale. Le service
alternatif est une façon d'œuvrer pour la paix ou pour les en-
treprises pacifiques alors que d'autres individus sont obligés de
partir à la guerre.

Pendant la Seconde Guerre mondiale, il y eut 34,5 millions
d'hommes qui furent inscrits à la conscription aux États-Unis.
Parmi ceux-là, il y eut 72 354 qui postulèrent pour le statut d'ob-
jecteur de conscience. Parmi ceux-ci, il y a à peu près 25 000 qui
firent des rôles de non-combattant ; 27 000 échouèrent à l'exa-
men physique et en furent exempts ; plus de 6 000 rejetèrent

catégoriquement la conscription et choisirent d'aller en prison plutôt que de servir l'effort de guerre ; et 12 000 choisirent de faire un service alternatif. Dix milles de ces derniers étaient d'origine mennonite, quaker et d'Église des Frères. Supervisés par le programme de Service Public Civil, ils servirent de manière alternative en travaillant dans les hôpitaux, dans les parcs nationaux, dans les forêts, sur les fermes et dans les mines. Ces travaux bénéficièrent le pays tout en respectant les croyances fondamentales sur la prise de vie des participants.[16]

Le service alternatif au lieu du service militaire amena divers programmes et services qui continuent à alléger la souffrance et à œuvrer pour la justice. Par exemple, au début de la Guerre du Viet Nam, on m'appela à servir mon pays en tant que citoyen américain et me classa I-A, ce qui voulait dire prêt au service de combat. À cause de mon engagement au Christ, je me suis pourvu en appel au gouvernement et fus reclassé I-O, ce qui me permettait de servir mon pays et mon Dieu comme directeur d'une clinique mobile à Taiwan. L'équipe était composée d'un médecin, un dentiste, un infirmier et un évangéliste. En allant d'un village à l'autre pour offrir les soins médicaux de base, nous nous sommes fait des milliers d'amis. En apprenant mon histoire, un conseil militaire de haut rang hocha la tête et dit : « Nous perdons la guerre au Viet Nam parce que nous ne pouvons pas nous faire des amis des gens du village. Vous les objecteurs de conscience, vous pourriez la gagner mieux que nous ! »[17] Ces expériences ont aidé d'autres ainsi que moi à croire que si nous nous engageons à suivre Jésus et sa voie, nous pourrons faire autant ou même plus en faveur de la paix que si nous servons dans l'armée.

Plus récemment, il y a d'autres pays qui ont développé l'option de faire le service alternatif national plutôt que le service militaire. Malheureusement, il y a de nombreux pays qui ne l'ont pas fait. Les objecteurs de conscience anabaptistes en

Corée et en Colombie ont été emprisonnés pour avoir refusé de servir dans l'armée.

Les églises anabaptistes du monde ont établi plus de soixante programmes et réseaux de service qui cherchent à alléger la souffrance et à amener la justice. Parmi ces programmes, il y a l'Aide et le Développement Meserete Kristos, le Centre Malawi Passion pour les Enfants, l'Association du Service Chrétien Mennonite de l'Inde et le Comité de Desarrollo Social du Honduras.[18]

Des exemples nord-américains des programmes qui virent le jour grâce au service alternatif sont :

- Le Comité Central Mennonite : CCM commença comme réponse à la famine causée par la guerre chez des familles mennonites en Ukraine. Il est reconnu depuis pour son aide, son développement et son effort pour la paix « au nom du Christ ». Il travaille avec de nombreux partenaires à travers le monde pour alléger la pauvreté et l'injustice, choses qui sont souvent les germes du conflit et de la guerre.

- Les Services Mennonites de Santé : Quand les objecteurs de conscience virent le traitement déplorable des malades mentaux là où ils faisaient leur service, ils établirent une série de centres de santé mentale basés sur les valeurs de l'amour et de la compassion chrétiens. Ces centres ont aussi été dans l'intérêt de la nation.

- Pax : Le Comité Central Mennonite dirigea le programme Pax (« la paix » en latin) qui permettait à plus de mille-deux-cents objecteurs de conscience de servir en Allemagne, en Autriche, en Algérie et dans quarante autres pays. Ils construisirent des maisons pour des réfugiés et des routes, travaillèrent pour le progrès agricole, et plus encore. Pax fut le prototype qui aida à influencer la formation du programme Corps de la Paix des États-Unis.

- Les Enseignants à l'Étranger : De 1962 jusqu'au milieu des années 1980, il y eut plus de mille enseignants qui, par le biais d'un programme organisé par CCM, allèrent dans dix pays africains, en Jamaïque et en Bolivie pour enseigner dans les écoles locales. Plus tard, il y eut de nombreux leaders qui émergèrent des écoles où ils enseignèrent. Ce programme était le précurseur à d'autres efforts dans le domaine de l'éducation en Amérique du Nord et à travers le monde.

- Les Services Mennonites de Conciliation : Ces Services furent un programme de CCM qui lança l'œuvre de la conciliation pour les mennonites des États-Unis en réponse aux forces de la société qui contribuent à la pauvreté, à l'injustice et à la violence. C'est à partir de cette expérience que les mennonites développèrent des instituts de formation dans les universités mennonites et dans les centres de paix communaux et locaux.

- La promotion et l'éducation pour la paix : Le Réseau de la Paix et de la Justice de l'Église Mennonite USA développa des efforts de longue durée pour ressourcer la paix dans la dénomination, et ce Réseau existait avant les Services Mennonites de Conciliation. Les bureaux de paix du CCM à Washington, D.C. et à Ottawa, Canada, focalisent sur le témoignage pour la paix auprès de leurs gouvernements respectifs et de leurs législateurs.

Laura Kalmar, ancienne directrice adjointe des communications au Comité Central Mennonite Canada dit : « Comme ambassadeurs, nous ne venons pas avec un esprit de pouvoir et de triomphalisme. Nous cherchons à venir avec l'humilité et la faiblesse des êtres humains faillibles. Nous portons l'image de Dieu dans des vaisseaux imparfaits : nos paroles échouent, nos actions ne satisfont pas, et nos connaissances ne sont pas complètes. Et pourtant, quelque part entre les failles et les imperfections, il y a l'amour de Dieu qui passe et qui brille alors sur un monde de ténèbres ».[19]

Étant donné le manque de conscription aux États-Unis et au Canada, il y a moins d'individus qui font un service de type alternatif en ce moment. De nombreux anabaptistes s'inquiètent que la position en faveur de la paix s'érode.

Qu'est-ce qui est essentiel au christianisme anabaptiste ?

En se basant sur l'Écriture et l'exemple de Jésus, les chrétiens anabaptistes disent nettement « non » à la violence. Nous devons vaincre le conflit par la suppression de l'injustice et par les preuves d'amour. L'enseignement de la non-violence et de la paix devrait faire partie de tout cours de formation sur le discipulat et sur l'adhésion. On devrait louer les universités et les séminaires anabaptistes pour leur création de programmes d'étude de la paix et du conflit.

Réconcilier le conflit est difficile. S'abstenir de la violence pourrait nous demander de perdre nos réputations, nos propriétés, et même nos vies—comme c'était le cas pour Jésus, pour les premiers chrétiens, et pour les premiers anabaptistes. Cependant, il n'y a pas de plus grande joie que vivre une vie réconciliée et amener d'autres aux relations franches et réconciliées.

D'où provient le pouvoir de vivre une vie de discipulat et de paix telle qu'elle est décrite dans ces neuf premiers chapitres ? Voilà le sujet du chapitre 10.

Questions de réflexion et de discussion

1. Quelle est votre expérience ainsi que l'expérience de votre famille à l'égard de la guerre ?

2. Discutez les perspectives suivantes quant à la théorie de la guerre juste et de la construction de la paix chrétienne.

Les avocats de la guerre juste insistent que :	Les artisans de la paix chrétiens insistent que :
il faudrait peut-être que les bonnes autorités déclarent la guerre.	il faudrait peut-être que les autorités séculières déclarent la guerre, mais les chrétiens ne devraient pas y participer.
le mal peut être vaincu par la violence rédemptrice.	la violence engendre plus de violence.
la guerre est justifiée quand c'est le dernier recours.	il y a toujours eu des alternatives à la guerre.
les gouvernements sont responsables quand on ôte la vie aux ennemis.	chaque personne est responsable pour ses propres actions.

3. Quelles démarches pourriez-vous entreprendre afin d'œuvrer pour plus de paix, de justice et de réconciliation dans votre communauté ?

Conclusions

DIX

L'œuvre du Saint-Esprit est essentielle

Mais vous recevrez une puissance lorsque le Saint-Esprit viendra sur vous, et vous serez mes témoins à Jérusalem, dans toute la Judée, dans la Samarie et jusqu'aux extrémités de la terre.
Actes 1:8

QUI OU BIEN QU'EST-CE QUI DONNA AUX PREMIERS ANABAP-tistes une nouvelle vision de l'église ? Qu'est-ce qui les poussa à commencer à baptiser sur la profession de la foi ? D'où re-çurent-ils le courage et la force de faire face à l'opposition et d'endurer la persécution sévère ?

Si les premiers anabaptistes firent connaître maintes perspec-tives théologiques et organisationnelles, il y a de nombreux his-toriens et chercheurs qui ont négligé le fait que l'aspect le plus essentiel du mouvement anabaptiste est peut-être son insistance sur le Saint-Esprit. J.B. Toews, leader des Frères Mennonites, explique : « La théologie correcte, même la théologie anabaptiste, si elle manque de connaissance basée sur l'expérience du Christ par le Saint-Esprit, laisse l'église impuissante ».[1]

Dans le chapitre 7, nous avons examiné comment le Saint-Esprit transforme les pensées, les émotions et les actions de ceux qui ouvrent leur vie à la grâce de Dieu. Dans ce chapitre, nous examinons plus en détail l'œuvre du Saint-Esprit dans la vie et le ministère de Jésus, des apôtres et des premiers anabaptistes, ainsi que de nombreuses églises aujourd'hui.

Comme nous le voyons dans l'illustration, le Saint-Esprit peut être considéré comme le centre de notre compréhension de Jésus, de la communauté et de la réconciliation.

Il y a un point commun entre ce qui se passa dans et grâce à

Le rôle du Saint-Esprit

la vie et le ministère de Jésus, l'église primitive, le mouvement anabaptiste, et ce qui se passe dans de nombreuses églises aujourd'hui. Le point commun est la présence et l'œuvre transformatrices du Saint-Esprit.

Qu'est-ce qui est essentiel à une connaissance de Jésus ?

Au cours des siècles, les gens se sont demandé comment Jésus pouvait être à la fois humain et divin. Ce qui est clé, c'est comprendre que tout en étant pleinement humain, Jésus était rempli de l'Esprit de Dieu. Une personne est connue par son esprit. Les Écritures et surtout l'évangile de Luc soulignent maintes fois la relation entre Jésus et le Saint-Esprit. À noter (c'est moi qui souligne) :

> Comme tout le peuple était baptisé, Jésus aussi fut baptisé. Pendant qu'il priait, le ciel s'ouvrit et le *Saint-Esprit* descendit sur lui sous une forme corporelle, comme une colombe (Luc 3:21-22).

> Jésus, rempli du *Saint-Esprit*. . . fut conduit par l'Esprit dans le désert où il fut tenté par le diable pendant 40 jours (Luc 4:1-2).

> Jésus, revêtu de la puissance de l'*Esprit* (Luc 4:14)

> Il déroula [le livre du prophète Esaïe] et trouva l'endroit où il était écrit : L'Esprit du Seigneur *est sur moi, parce qu'il m'a consacré par onction pour annoncer la bonne nouvelle aux pauvres ; il m'a envoyé pour proclamer aux prisonniers la délivrance et aux aveugles le recouvrement de la vue, pour renvoyer libres les opprimés, pour proclamer une année de grâce du Seigneur* (Luc 4:17-19).

Jésus s'écria d'une voix forte : « Père, *je remets mon esprit entre tes mains* ». Après avoir dit ces paroles, il expira (Luc 23:46).

Il y a vingt-quatre endroits dans les Évangiles où on dit que les gens étaient étonnés par la présence et par la puissance de Dieu qui était évidentes en Jésus. Selon Luc 5:26 : « Tous étaient dans l'étonnement et célébraient la gloire de Dieu ; remplis de crainte, ils disaient : 'Nous avons vu aujourd'hui des choses extraordinaires' ».

Qu'est-ce qui est essentiel pour un ministère efficace ?

À la Pentecôte, ce même Esprit qui était en Jésus vint chez les apôtres. Pour leur ministère, ils faisaient exactement ce que Jésus avait fait. Ils proclamaient la bonne nouvelle aux pauvres. Ils guérissaient les malades et libéraient les gens de la servitude. Ils recevaient aussi le même type de réponse de la part des gens que Jésus avait reçue. C'est à cause de ce que Dieu fit par le biais des apôtres que Luc dit que « la crainte s'emparait de chacun » (Actes 2:43).

Les anabaptistes s'intéressaient aussi à la présence et à l'œuvre du Saint-Esprit. L'historien Peter Klassen dit qu'au cours du premier mouvement anabaptiste, « il y eut une conviction profonde que le Saint-Esprit était au centre de l'expérience chrétienne. L'œuvre du Saint-Esprit permettait aux disciples du Christ de transcender le légalisme pour accéder à une vie transformatrice d'obéissance joyeuse ».[2]

On a raison d'appeler le mouvement anabaptiste le mouvement du Saint-Esprit ou charismatique du seizième siècle.[3] Dans ce mouvement, la transformation ou le salut commencérent par la confession individuelle du péché et un désir de recevoir le Saint-Esprit. Les croyants transformés étaient orientés vers l'expérience. Partout où ils allaient, ils partageaient leurs expériences de ce que Dieu faisait dans leurs vies et dans leurs ministères. Certains allèrent peut-être trop loin. Ils prêchèrent souvent du passage de Marc 16:17-18 : « Voici les signes qui accompagneront ceux qui auront cru : en mon nom, ils pourront chasser des démons, parler de nouvelles langues, attraper des serpents, et s'ils boivent un breuvage mortel, celui-ci ne leur fera aucun mal ; ils poseront les mains sur les malades et ceux-ci seront guéris ».

Le mouvement anabaptiste arriva au milieu du rationalisme qui traversait l'Europe. C'était à une époque où la raison prima sur la révélation. Les intellectuels et ceux qui avaient de l'influence croyaient que tout devait être raisonné de manière raisonnable. Parmi les premiers réformateurs, la croyance raisonnée était d'ultime importance ; la punition pour l'hérésie (fausse croyance) était la mort. En plein milieu de cette mentalité, l'insistance forte des premiers anabaptistes sur le Saint-Esprit était assez saillante. Menno Simons dit : « C'est le Saint-Esprit qui nous délivre du péché, nous donne l'audace, et nous rend joyeux, paisibles, pieux et saints ».[4]

Ce n'est pas seulement la théologie unique de l'église et l'engagement fort à la paix qui changèrent les perspectives sur les anabaptistes. Les anabaptistes plaçaient le Saint-Esprit à un niveau plus élevé que ne le faisaient Martin Luther, Ulrich Zwingli et John Calvin, parmi d'autres. Les gens remarquèrent qu'il y avait une différence nette dans la manière de vivre des anabaptistes transformés. On apprit à les connaître comme des gens qui vivaient ce qu'ils croyaient même quand cela entrainait la persécution et la mort. L'orgueil se changeait en humilité, le mensonge en honnêteté, la haine en amour, et la peur en audace.

Les premiers anabaptistes croyaient que le Saint-Esprit est

l'agent qui amène un nouveau départ à la vie des gens. Le théologien Walter Klaasen dit : « C'est l'arrivée du Saint-Esprit au sein de leur expérience qui changea les choses. Ce qui leur était important, c'était la manière par laquelle le Saint-Esprit œuvrait dans la vie du croyant et de l'église ».[5]

Comment reçoit-on le Saint-Esprit ?

Que pourrait-on apprendre des premiers anabaptistes ? Quelles démarches prirent-ils afin de recevoir le Saint-Esprit ?

Il paraît que recevoir Jésus comme Seigneur et Sauveur et que recevoir le Saint Esprit avaient beaucoup en commun. Dans de nombreux cas, cela pouvait être la même expérience ou le même processus. Cela commença par le désir de la présence de Dieu. Jésus promit à ses disciples que s'ils le demandaient, ce désir serait exaucé. Il dit : « Si donc, mauvais comme vous l'êtes, vous savez donner de bonnes choses à vos enfants, le Père céleste donnera d'autant plus volontiers le Saint-Esprit à ceux qui le lui demandent » (Luc 11:13). Tout comme pour Jésus et les disciples, le premier pas fut la prière. C'est après quarante jours de prière que l'expérience originelle de la Pentecôte eut lieu.

Les premiers rapports nous disent qu'on prêtait très attention à la repentance du péché connu tant dans l'église primitive que dans le mouvement anabaptiste. L'apôtre Pierre explique cette condition à la foule à la Pentecôte : « Changez d'attitude et que chacun de vous soit baptisé au nom de Jésus-Christ pour le pardon de vos péchés, et vous recevrez le don du Saint-Esprit » (Actes 2:38).

On combinait la purification intérieure avec une ouverture et une hâte pour la réception du Saint-Esprit dans leurs vies. Recevoir le Saint-Esprit était la même chose que recevoir la présence vivante de Jésus au sein de leurs réalités intérieures. Dans son livre *Celebration of Discipline* (*La célébration de la discipline*), Richard A Foster dit : « On fait la demande d'un travail intérieur, et ce n'est que Dieu qui puisse travailler à l'intérieur. Nous ne pouvons pas atteindre ou gagner la vertu du royaume de Dieu. C'est une grâce qui est accordée ».[6]

Que pourrait-on apprendre du Sud ?

Pendant les 75 premières années du vingtième siècle, la plupart des dénominations religieuses, y compris les Mennonites, les Frères Mennonites, les Frères en Christ, ainsi que d'autres groupes anabaptistes, envoyèrent des centaines de missionnaires aux bouts de la terre. Les écoles et les hôpitaux furent établis comme preuve de l'amour du Christ. En traduisant la Bible en maintes langues et en l'enseignant aussi clairement que possible, les missionnaires anabaptistes bâtirent des fondations solides.

L'accroissement global de la foi chrétienne commença par le mouvement missionnaire et a continué. Il y a des chrétiens anabaptistes dans plus de quatre-vingt pays du monde. En 1978, deux tiers de tous les anabaptistes se trouvaient en Amérique du Nord et en Europe ; l'autre tiers se trouvait ailleurs. Aujourd'hui, ces proportions sont inversées, et il y a deux tiers des anabaptistes qui habitent au Sud. Le nombre de croyants anabaptistes en Asie a augmenté de 75 000 en 1978 jusqu'à 430 000 en 2015. On voit un accroissement encore plus important en Afrique, de 85 000 à 740 000. Le nombre de croyants en Amérique latine a aussi augmenté de façon exponentielle.[7]

On peut considérer l'époque missionnaire comme une période d'instruction similaire à celle que les disciples reçurent de Jésus. Si les missionnaires bâtirent des fondations solides avec un enseignement fidèle et guidé par l'Esprit, il y a quelque chose d'insolite et d'extraordinaire qui leur arriva quand le Saint-Esprit descendit sur eux. Jésus avait dit aux apôtres d'attendre jusqu'à ce que l'Esprit vienne d'une nouvelle manière. Le Saint-Esprit les remplit de pouvoir, et ils devinrent des témoins efficaces « à Jérusalem, dans toute la Judée, dans la Samarie et jusqu'aux extrémités de la terre » (Actes 1:8). Cela se passa comme Jésus l'avait dit. L'accroissement rapide eut lieu après le départ de Jésus. L'accroissement phénoménal de l'anabaptisme a aussi eu lieu après que la plupart des missionnaires sont rentrés pendant les années 1970 et au début des années 1980.

L'ouverture au Saint-Esprit a donné un nouveau pouvoir et une nouvelle efficacité à ceux que les premiers missionnaires avaient guidés à une relation basique avec le Christ. Les ouvriers nationaux peuvent maintenant dire comme le dit Jésus : « L'*Esprit du Seigneur* est sur moi, parce qu'il m'a consacré par onction pour annoncer la bonne nouvelle aux pauvres ; pour proclamer aux prisonniers la délivrance et aux aveugles le recouvrement de la vue, pour renvoyer libres les opprimés, pour proclamer une année de grâce du Seigneur » (Luc 4:18-19, c'est moi qui souligne).

De nombreux pasteurs anabaptistes du Sud ont un désir solide pour la présence et pour l'œuvre du Saint-Esprit. Ils passent deux ou trois heures—et parfois cinq ou plus—dans la prière pour préparer leur prédication. Les solistes, les membres de la chorale ainsi que les leaders du culte font peut-être la même chose.

L'insistance sur le Saint-Esprit ne remplace pas l'enseignement des Écritures. Ceci continue à être au centre pour les croyants du Sud remplis de l'Esprit. Quand je lui demandai en quoi les assemblées du Meserete Kristos Church (MKC) se distinguent des autres églises évangéliques, un pasteur éthiopien me dit : « Nous sommes l'église de l'enseignement ! »

L'œuvre transformative du Saint-Esprit devient visible aussi par les actes de service. En plus des sept cents églises, le MKC a des ministères et des assemblées dans quarante prisons. Grâce à ces ministères, l'assassinat par vengeance parmi les gens du village a été pour la plupart rompu. Le changement de la vie des prisonniers a été si important que les directeurs de prison et le gouvernement éthiopien ont invité MKC à fonder des ministères dans toutes les prisons du pays.

La présence du Saint-Esprit rend efficace aussi le témoignage verbal. Le nombre d' églises qui insistent sur le Saint-Esprit augmente de 10 à 12 pourcent chaque année. Il y a un évangéliste dans presque chaque église grandissante du Sud, et cet évangéliste est souvent un nouveau converti qui reçoit un petit salaire pour témoigner et pour faire suite aux témoignages des membres de l'assemblée. La dénomination MKC ajouta seize mille nouveaux membres en 2015.

Ceci peut-il se passer dans le Nord ?

La réponse surprenante à l'Évangile en Afrique, en Asie et en Amérique Latine est liée en partie à des visions du monde qui comprennent une croyance puissante du monde des esprits. C'était aussi le cas à l'époque de Jésus et de l'église primitive. Pendant la semaine, les gens vivent dans un monde où ils croient que les esprits malfaisants sont actifs. Le dimanche, ils vont à l'église et sont ravis d'apprendre que Jésus et le Saint-Esprit sont plus forts que ces esprits. Ils racontent des histoires des membres de leur famille qui ont été guéris par la prière, des amis qui ont pu surmonter la dépression, et de voisins transformés.

Les anabaptistes du Nord pourraient se demander si ce genre de foi et d'esprit serait également possible dans leurs églises. Ils diraient, défensivement peut-être : « Nous habitons un monde rationnel et scientifique, un monde dans lequel il faut tout tester et raisonner. Les gens du Sud sont beaucoup plus immergés dans le monde des esprits ».

Bien que ce soit vrai, il faut se souvenir que les premiers anabaptistes vivaient aussi au milieu d'un âge de raison et pourtant ils connaissaient la présence et l'œuvre renouvelantes et fortifiantes du Saint-Esprit. Pour que la foi soit dynamique et saine, il semble nécessaire de trouver un équilibre entre la raison et la révélation.

D'après David Wiebe, écrivain, pour la plupart des anabaptistes contemporains du Nord : « L'œuvre du Saint-Esprit a reçu 'peu d'attention' des mennonites depuis la Réforme Radicale. C'est peut-être que dans notre zèle d'être christocentriques, nous avons minimisé le Saint-Esprit. Accueillir l'œuvre de l'Esprit, qui était envoyé par Christ lui-même, ne rend pas moins christocentriques les anabaptistes ; tout au contraire ».[8]

En réalité, de nombreuses personnes du Nord qui cherchent une foi plus engageante et plus profonde sont attirées par la raison à la foi anabaptiste. Ils trouvent qu'il est raisonnable de croire à l'action non-violente et à la construction de la paix. Ils trouvent qu'il est raisonnable d'interpréter les Écritures à travers les yeux de Jésus. Il est raisonnable de croire que le pardon et l'obéissance joyeuse sont tous les deux nécessaires au salut. Par conséquent, de nombreuses personnes d'origines diverses sont attirées aux expressions anabaptistes de la foi et de la vie.

Si nous nous réjouissons de voir l'œuvre du Saint-Esprit, nous ferions bien de prêter attention à l'avertissement de Arthur Duck, président du séminaire Faculdade Fidelis au Brésil : « Quand nous parlons du Saint-Esprit, nous ne nous intéressons que rarement au Saint-Esprit lui-même mais bien à ce que l'Esprit peut nous offrir—du pouvoir. . . Cette question apparaît déjà dans les Évangiles quand les leader juifs voulaient que Jésus fasse un miracle devant eux (Matthieu 12:39) ou quand Hérode voulait être diverti par un miracle » (Luc 23:8-9).[9]

Il faut insister de manière saine à la fois sur notre théologie uniquement raisonnée et sur notre confiance basée sur l'expérience du Saint-Esprit pour amener les gens à une foi et à une vie authentiques en Christ. De nouvelles occasions d'apprendre les uns des autres se présentent quand les immigrés des églises du Sud plantent des églises à côté des églises déjà établies dans le Nord. L'occasion pour l'interaction et pour l'entraide que cela offre peut entraîner des expériences de transformation.

Tous les croyants, tant du Nord que du Sud, ont besoin d'être encouragés à savoir que Jésus promit de nous envoyer un Aide qui sera notre défenseur intercesseur, consolateur et enseignant aux moments de besoin (voir Jean 14:16, 26 ; Romains 8:26-27). On pourrait considérer le Saint-Esprit comme notre associé supérieur. Le Saint-Esprit nous fournit des ressources dont nous, ses associés-adjoints, avons besoin afin de faire des disciples et de réconcilier des conflits.

Qu'est-ce qui est essentiel au christianisme anabaptiste ?

C'est par la repentance, l'étude biblique et l'ouverture au Saint-Esprit que les premiers anabaptistes furent transformés en termes de leurs attitudes, de leurs croyances et de leurs modes de vie. Le Saint-Esprit les amena à être des gens de vision, de courage et de témoignage efficace. On conclut alors que l'ouverture au Saint-Esprit était essentiel pour une expression de la foi anabaptiste et continue à être un aspect important d'une foi chrétienne unique.

Après avoir discuté des questions suivantes, vous êtes invité(e) au chapitre final pour examiner votre position par rapport aux valeurs fondamentales, aux questions centrales et aux signes de singularité de la foi anabaptiste.

Questions de réflexion et de discussion

1. Quelles nouvelles connaissances avez-vous apprises quant au Saint-Esprit ?

2. Discutez les focus suivants qu'on trouve dans des branches diverses de la foi chrétienne.

De nombreux chrétiens focalisent sur :	Les chrétiens remplis de l'Esprit focalisent sur :
un raisonnement naturaliste, rationnel et scientifique.	un raisonnement surnaturel, révélationnel et guidé par l'Esprit.
l'enthousiasme et la pensée positive humains.	la joie et la confiance spirituelles.
l'idée qu'il faut travailler comme si tout dépend de soi-même.	l'idée qu'il faut travailler comme si tout dépend de Dieu.
l'idée qu'il faut laisser parler sa vie.	l'idée qu'il faut avoir le courage de témoigner verbalement.

3. Que pourraient apprendre les églises du Nord des ministères du Sud ?

4. Que pourraient apprendre les églises du Sud des ministères du Nord ?

5. Que ferez-vous pour ouvrir votre vie plus pleinement au Saint-Esprit ?

ONZE

Réflexions finales sur l'essentiel anabaptiste

Quant à toi, tiens ferme dans ce que tu as appris et re-
connu comme certain.
2 Timothée 3:14

AU DÉBUT DE CETTE ÉTUDE, J'AI DIT QUE NOUS POUVONS
renforcer nos croyances anabaptistes sans esprit de compétition ou d'hostilité vis-à-vis d'autres points de vue. Nous devenons plus forts en apprenant les uns des autres. Dans ces dix
chapitres j'ai décrit ce que je trouve essentiel à la foi chrétienne
dans la perspective anabaptiste. Les idées sont organisées à
partir des trois valeurs fondamentales.

Quelles sont les valeurs fondamentales ?

- *Jésus est au centre de notre foi.* Jésus est la clé de notre compréhension du christianisme et de notre interprétation de l'Écriture, et c'est à lui que nous prêtons notre allégeance ultime.

- *La communauté est au centre de nos vies.* La communauté devient possible par moyen du pardon horizontal. C'est le contexte pour discerner la volonté de Dieu, et c'est sous forme de petits groupes qu'elle devient souvent la plus importante.

- *La réconciliation est au centre de notre mission.* La réconciliation est centrale pour établir une relation avec Dieu, pour avoir des relations harmonieuses et pour servir comme artisans de la paix dans un monde rempli de conflits.

Le Saint-Esprit est essentiel à la compréhension, à l'exercice, et à l'efficacité de ces trois valeurs.

Quelles sont les questions essentielles ?

Pour résumer cette étude et pour encourager le dialogue, permettez-moi de poser dix questions essentielles et d'y offrir des réponses qui récapitulent les valeurs fondamentales et les enseignements essentiels de la foi anabaptiste.

Qu'est-ce que le christianisme ? Le christianisme n'est pas principalement une expérience spirituelle, un ensemble de croyances ou une expérience exceptionnelle du pardon. Le christianisme est le discipulat ! C'est suivre Jésus dans la vie quotidienne.

Comment interprétons-nous l'Écriture ? Les chrétiens anabaptistes ne considèrent pas la Bible comme un livre « linéaire », comme l'histoire et l'accomplissement d'Israël, ou bien comme l'indicateur du sacrifice du Christ. Les Écritures sont interprétées le mieux d'un point de vue tant christocentrique qu'éthique à travers les yeux et la nature de Jésus.

Qui est-ce qui ou qu'est-ce qui est notre autorité ultime ? Les croyants anabaptistes ne suivent pas automatiquement les ordres humains, les propensions intérieures, et même chaque mot de l'Écriture. Jésus est notre autorité ultime. Il est Seigneur !

Qu'est-ce qui est essentiel pour la communauté ? Si le pardon vertical est essentiel au salut, le pardon horizontal est nécessaire à la communauté. L'église est une communauté de croyants pardonnée et miséricordieuse.

Comment discernons-nous la volonté de Dieu ? La méditation privée, d'une part, et les ordres donnés par les autorités concernant ce qu'il faut penser et faire, de l'autre, sont insuffisants pour discerner la volonté de Dieu. La volonté de Dieu est la mieux discernée quand les croyants guidés par l'Esprit cherchent dans les Écritures puis donnent et reçoivent des conseils dans le cadre de leur communauté.

Comment pourrions-nous nous organiser pour la communauté et pour la responsabilité ? Le fait que de nombreuses églises d'Amérique du Nord sont bien organisées et cherchent à servir par des programmes divers n'est pas nécessairement le meilleur modèle. L'église primitive ainsi que le mouvement anabaptiste commencèrent par de petits groupes dans lesquels les membres se parlaient en face et se renforçaient suffisamment pour confronter le monde.

Comment réconcilions-nous les individus avec Dieu ? La réconciliation avec Dieu pourrait commencer par une expérience du pardon, mais il faut une décision ou une série de décisions pour laisser derrière les péchés et les fidélités du passé en faveur de l'obéissance joyeuse à Jésus Christ. Il faut que la foi et l'obéissance s'allient ensemble.

Comment réconcilions-nous les membres les uns avec les autres ? La voie de Jésus n'est ni l'oubli du péché ni la punition sévère et criminelle des malfaisants. Les personnes faillibles peuvent être ramenées à une relation avec le Christ et avec l'église par la loi du Christ et par la justice réparatrice.

Comment réconcilions-nous les conflits du monde ? La réponse violente à la violence a tendance à engendrer plus de violence. C'est aux disciples du Christ de surmonter le mal par le bien et de chercher la paix en œuvrant pour la justice. C'est à eux de bénir ceux qui les persécutent. Ils doivent être disposés à subir la punition quand ils désobéissent à un régime séculier qui exige le contraire de ce qu'il faut pour suivre Jésus.

Qu'est-ce qui est essentiel à l'efficacité ? L'organisation efficace, la connaissance supérieure et le leadership qualifié sont importants mais ne garantissent pas l'efficacité. L'efficacité arrive quand les disciples du Christ permettent au Saint-Esprit de transformer leurs pensées, leurs émotions et leurs actions.

Quels sont les signes d'une foi unique ?

Voilà dix signes d'une foi chrétienne unique. Lisez les affirmations et cochez celles qui décrivent votre point de vue. Si vous trouvez que ces affirmations résument votre compréhension globale de la foi chrétienne, considérez-vous un(e) chrétien(ne) ayant une perspective anabaptiste.

_____ 1. Je considère le christianisme comme un discipulat et cherche à suivre Jésus dans la vie quotidienne.

_____ 2. J'interprète les Écritures d'un point de vue tant christocentrique qu'éthique.

____ 3. J'ai accepté Jésus Christ comme mon Seigneur aussi bien que mon Sauveur.

____ 4. Je crois que le pardon est nécessaire tant pour le salut que pour la communauté.

____ 5. Je discerne la volonté de Dieu en étudiant la Bible et en donnant et en recevant des conseils.

____ 6. Je confirme que les groupes de face-à-face sont à la base de la responsabilité et d'une église dynamique.

____ 7. Je crois que la transformation est le résultat de l'œuvre de Dieu et de mes réponses à cette œuvre.

____ 8. Je cherche à résoudre les conflits par la médiation et par la loi du Christ.

____ 9. Je rejette toute forme de violence et cherche à surmonter le mal par le bien.

____ 10. J'ai reconnu publiquement ma foi en Jésus et j'ai l'expérience actuelle du Saint-Esprit dans ma vie et dans mon ministère.

Une bénédiction finale

Soyez dôté(e) d'une foi solide et d'un esprit charitable quand vous partagez ce qui est essentiel avec vos proches et aussi avec ceux qui sont moins proches. Ayez la grâce de vous garder de critiquer à tort d'autres points de vue quand vous continuez à renforcer et à partager les vôtres.

Notes

Introduction

1 Harold S. Bender, "The Anabaptist Vision," dans *The Recovery of the Anabaptist Vision*, éd., Guy F. Hershberger (Scottdale, PA : Herald Press, 1957), 29-54.

2 James C. Collins et Jerry I. Porras, "Building Your Company's Vision," *Harvard Business Review* 74, no. 5, (1996).

3 Jeff Wright encourageait une douzaine de nouvelles assemblées à s'enraciner dans la pensée et la pratique anabaptiste quand il servait comme ministre de conférence de la Conférence Mennonite du Sud-Ouest Pacifique. Voir Stuart Murray, *The Naked Anabaptist : The Bare Essentials of a Radical Faith*, éd. du 5ème anniv. (Harrisonburg, VA : Herald Press, 2015) ; Alfred Neufeld, *What We Believe Together* (Intercourse, PA : Good Books, 2007) ; John D. Roth, *Beliefs : Mennonite Faith and Practice* (Scottdale, PA : Herald Press, 2005) ; et C. Arnold Snyder, *Anabaptist History and Theology*, éd. cor. d'étudiant (Kitchener, ON : Pandora Press, 1997).

4 General Conference Mennonite Church et Mennonite Church, *Confession of Faith in a Mennonite Perspective* (Scottdale, PA : Herald Press, 1995).

Une brève histoire du christianisme

1 Alan Kreider, *The Change of Conversion and the Origin of Christendom* (Eugene, OR : Wipf & Stock, 2007), xiv–xvi.

2 Pour une biographie de Constantin, voir William Smith, éd., *A Dictionary of Christian Biography*, tôme 1 (New York : AMS Press, 1974), 623–49.

3 Murray, *Naked Anabaptist*, 62.

4 Pour une esquisse de la vie et de la théologie d'Augustin, voir Erwin Fahlbusch, éd., *The Encyclopedia of Christianity*, vol. 1 (Grand Rapids, MI : Eerdmans, 1999), 159–65.

5 John D. Roth, *Stories : How Mennonites Came to Be* (Scottdale, PA : Herald Press, 2006). Voir chapitre 2 pour la description de la révolte, de la réforme, et du renouveau liés à la Réforme.

6 Snyder, *Anabaptist History and Theology*, 114–17.

7 Walter Klaassen, *Anabaptism : Neither Catholic nor Protestant* (Kitchener, ON : Pandora Press, 2001), 24.

8 Pour plus sur les branches anabaptistes différentes, voir Snyder, *Anabaptist History and Theology*, partie B.

9 *Anabaptism : Neither Catholic nor Protestant* fut publié pour la première fois en 1973 par Conrad Press. En 2001, il fut révisé, et la troisième édition parut chez Pandora Press, Kitchener, Ontario, Canada.

10 Paul M. Lederach, *A Third Way* (Scottdale, PA : Herald Press, 1980).

11 Pour des sources primaires liées aux sujets qui étaient importants aux anabaptistes, voir Walter Klaassen, éd., *Anabaptism in Outline* (Scottdale, PA : Herald Press, 1981).

12 Wilbert R. Shenk, "Why Missional and Mennonite Should Make Perfect Sense," dans *Fully Engaged : Missional Church in an Anabaptist Voice*, éd. Stanley W. Green et James R. Krabill (Harrisonburg, VA : Herald Press, 2015), 21–22.

13 Bender, "The Anabaptist Vision," 29–30.

Chapitre 1

1 Kreider, *Change of Conversion*, xiv–xvi.

2 Theodore Runyon, *The New Creation : John Wesley's Theology Today* (Nashville : Abingdon Press, 1998), ch. 5.

3 J. I. Packer, entretien avec l'auteur, avril 1991.

4 Doris Janzen Longacre, *Living More with Less*, Édition du 30ème anniv. (Harrisonburg, VA : Herald Press, 2010), 28–29.

5 Michele Hershberger, *God's Story, Our Story* (Harrisonburg, VA : Herald Press, 2013), 70–71.

6 Texte pris de David Augsburger, "The Mennonite Dream," *Gospel Herald* 70, n. 45 (1977), 855–56, republié du pamphlet n. 147, *The Mennonite Hour*.

7 César García, mèl à l'auteur, le 5 février 2016.

Chapitre 2

1 Sara Wenger Shenk, "Anabaptist Schools, Scripture and Spiritual Awakening," *The Mennonite*, 13 November 13, 2015, https://themennonite.org/feature/anabaptist-schools-scripture-and-spiritual-awakening/.

2 Roth, *Beliefs : Mennonite Faith and Practice*, 38.

3 C. Arnold Snyder, *From Anabaptist Seed* (Kitchener, ON : Pandora Press, 1999), 12–13.

4 Klaassen, *Anabaptism in Outline*, 23–24, 72–73, 140ff.

5 Bruxy Cavey, "Walking in Receiving and Giving" (sermon, Assemblée de la Conférence Mennonite Mondiale, Harrisburg, PA, le 25 juillet 2015).

6 Peter Kehler était missionnaire à Taiwan de 1959 à 1975 et de 1991 à 1993.

7 Ervin Stutzman, mèl à l'auteur, le 31 janvier 2016.

8 John Powell, mèl à l'auteur, le 25 janvier 2016.

9 Marion Bontrager, "Introduction to Biblical Literature," cours Hesston (Kansas) College.

10 Gayle Gerber Koontz, "The Trajectory of Scripture and Feminist Conviction," *Conrad Grebel Review* 5, n. 3, (1987), 207.

11 Grace Holland, "Women in Ministry/Leadership in the Church," dans *Windows to the Church : Selections from Twenty-Five Years of the Brethren in Christ History and Life*, éd. E. Morris Sider (Grantham, PA : Brethren in Christ Historical Society, 2003), 111.

12 Michele Hershberger, "Reading the Bible through a Missional Lens," dans Green et Krabill, *Fully Engaged*, 180.

13 Cité dans Paul Schrag, "Claiborne : Make Holy Mischief," *Mennonite World Review*, le 29 février 2016.

14 *Confession of Faith in a Mennonite Perspective*, 21–24.

Chapitre 3

1 Walter Wink, *The Powers That Be : Theology for a New Millennium* (New York : Doubleday, 1998), 39.

2 Voir surtout le chapitre 6 dans John D. Redekop, *Politics Under God* (Scottdale, PA : Herald Press, 2007).

3 Ibid., ch. 6.

Chapitre 4

1 Roberta Hestenes, conférence du cours "Building Christian Community through Small Groups" (Fuller Theological Seminary, Pasadena, CA, le 12 et le 13 mai 1986).

2 Dietrich Bonhoeffer, *The Cost of Discipleship* (New York : Macmillan Publishing, 1961), 47.

3 Martin Luther King Jr., cité dans USA Today Network, le 18 janvier 2016.

4 April Yamasaki, *Sacred Pauses : Spiritual Practices for Personal Renewal* (Harrisonburg, VA : Herald Press, 2013), 86–87.

5 Ken Sande, *The Peacemaker : A Biblical Guide to Resolving Personal Conflict* (Grand Rapids, MI : Baker Books, 1997), 109–19.

6 Pour plus sur le pardon positionnel et transactionnel, voir ibid., 190.

7 Le terme "forgrieving" fut inventé par David Augsburger, professeur à Fuller Theological Seminary, Pasadena, California.

8 Suzanne Woods Fisher, *The Heart of the Amish : Life Lessons on Peacemaking and the Power of Forgiveness* (Grand Rapids, MI : Revell, 2015), 90.

9 Ibid., 23.

Chapitre 5

1 John H. Yoder, trad. et éd., *The Schleitheim Confession* (Scottdale, PA : Herald Press, 1973, 1977).

2 Information tirée du cours de Michael Green, "The Gospel of Matthew," Regent College, Vancouver, Colombie Britannique, Canada, 1988.

3 Byron Weber Becker, entretien avec l'auteur, mai 2016.

4 Jessica Reesor Rempel, correspondance avec l'auteur, le 9 février 2016.

5 John Powell, correspondance avec l'auteur.

Chapitre 6

1 Takashi Yamada, discussion avec l'auteur, juillet 1978.

2 William A. Beckham, *The Second Reformation : Reshaping the Church for the 21st Century* (Houston, TX : Touch Outreach Ministries, 1998), 25–26.

3 Reta Halteman Finger, *Of Widows and Meals : Communal Meals in the Book of Acts* (Grand Rapids, MI : Eerdmans, 2007), 4–6.

4 Roberta Hestenes, "Definition of a Small Group : What Christian Small Groups Do" (conférence, Fuller Theological Seminary, Pasadena, CA, le 12 mai 1986).

5 Stutzman, mèl.

6 Conrad L. Kanagy, Tilahun Beyene, et Richard Showalter, *Winds of the Spirit : A Profile of Anabaptist Churches in the Global South* (Harrison-burg, VA : Herald Press, 2012), 59.

7 Ibid., 29.

Chapitre 7

1 Robert C. Solomon, *The Big Questions* (San Diego : HBJ Publishers, 1990), 47.

2 Snyder, *Anabaptist History and Theology*, 419.

3 Ibid., 87.

4 Ibid., 419.

5 Jim Wallis, *The Call to Conversion* (San Francisco : HarperOne, 2005), 4.

6 Myron S. Augsburger, introduction à *Probe : For an Evangelism That Cares*, éd. Jim Fairfield (Scottdale, PA : Herald Press, 1972), 7.

7 David Schroeder (1924–2015) était un professeur de la Bible tenu en haute estime à Canadian Mennonite Bible College, actuellement Canadian Mennonite University, Winnipeg, Manitoba, Canada.

8 Albert J. Wollen partagea ce schéma avec moi après avoir animé un atelier sur les petits groupes à Peace Mennonite Church, Richmond, Colombie Britannique, en 1987.

9 Mennonite Church USA, "Desiring God's Coming Kingdom : A Missional Vision and Purposeful Plan for Mennonite Church USA" (Elkhart, IN : 2014), 3, http://mennoniteusa.org/wp-content/uploads/2015/03/PurposefulPlan_2014Feb25.pdf.

10 Darren Petker, "Dying for Change," *Mennonite Brethren Herald*, décembre 2015, 19, http://mbherald.com/dying-for-change/.

11 Rick Warren, *The Purpose Driven Life* (Grand Rapids, MI : Zondervan, 2002), 183.

12 Willy Reimer, "Being a Denomination Led by the Holy Spirit," *Mennonite Brethren Herald*, le 1er mars 2014, http://mbherald.com/being-a-denomination-led-by-the-holy-spirit/.

13 Franklin Littell, *The Anabaptist View of the Church* (Boston, MA : Starr King Press, 2958), 1.

14 Hyoung Min Kim, *Sixteenth-Century Anabaptist Evangelism : Its Foundational Doctrines, Practices, and Impacts* (thèse de doctorat, Southwestern Baptist Theological Seminary, 2001).

15 John K. Stoner, Jim Egli, et G. Edwin Bontrager, *Life to Share* (Scottdale, PA : Mennonite Publishing House, 1991), 27.

16 Hans Kasdorf, "Anabaptists and the Great Commission in the Reformation," *Mennonite Quarterly Review* 4, n. 2 (1975) : 303–18.

17 Wolfgang Schaeufele, "The Missionary Vision and Activity of the Anabaptist Laity," *Mennonite Quarterly Review* 36 (1962) : 99–115.

18 Probe '72, Minneapolis, Minnesota, USA, avril 1972.

Chapitre 8

1 Rick Warren, *The Purpose Driven Church* 2ème éd., (Grand Rapids, MI : Zondervan, 2002), 158.

2 Walter Klaassen, *Living at the End of the Ages* (Lanham, MD : University Press of America, 1992), 211.

3 Adapté de *Mediation and Facilitation Training Manual : Foundations and Skills for Constructive Conflict Transformation*, 4ème éd. (Akron, PA : Mennonite Conciliation Service, 2000), 31–33.

4 Howard Zehr, *The Little Book of Restorative Justice* (New York : Good Books, 2015), 6.

5 *Minister's Manual*, éd. John Rempel (Scottdale, PA : Herald Press, 1998).

6 *Hymnal : A Worship Book* (Scottdale, PA : Mennonite Publishing House, 1992), n. 777.

7 Murray, *Naked Anabaptist*, 122–23.

8 Marlin Jeschke, *Discipling in the Church : Recovering a Ministry of the Gospel* (Scottdale, PA : Herald Press, 1988), 16.

9 Stutzman, correspondance avec l'auteur.

Chapitre 9

1 Cavey, "Walking in Receiving and Giving."

2 Ervin R. Stutzman, *From Nonresistance to Justice : The Transformation of Mennonite Church Peace Rhetoric* 1908–2008 (Scottdale, PA : Herald Press, 2011), 284.

3 Dietrich Bonhoeffer, *Ethics* (New York : Touchstone Books, 1955), 79.

4 Murray, *Naked Anabaptist*, 151.

5 James C. Juhnke et Carol M. Hunter, *The Missing Peace : The Search for Nonviolent Alternatives in United States History* (Kitchener, ON : Pandora Press, 2004).

6 Murray, *Naked Anabaptist*, 150.

7 Snyder, *From Anabaptist Seed*, 42, 44.

8 Voir le film du PBS réalisé par Gary Weimberg et Catherine Ryan, *Soldiers of Conscience* (American Documentary, Inc., 2008), www.pbs.org/pov/soldiersofconscience.

9 Ronald J. Sider, *Nonviolent Action : What Christian Ethics Demands but Most Christians Have Never Really Tried* (Grand Rapids, MI : Brazos Press, 2015), xiii.

10 Gene Sharp, *Politics of Nonviolent Action*, tôme 2 (Boston, MA : Porter Sargent, 1973).

11 Sider, *Nonviolent Action*, xv.

12 Ibid., 146–50.

13 Sarah Thompson, "Moving Toward Conflict and the Beloved Community," *The Mennonite*, le 18 janvier 2016, https://themennonite.org/moving-towards-conflict-and-the-beloved-community/.

14 Pope Paul VI, "Message of His Holiness for the Celebration of the Day of Peace," le 1er janvier 1972.

15 Bonnie Price Lofton, "Oakland Youth Transformed by Restorative Justice Practices," *The Mennonite*, le 27 mai 2015, https://themennonite.org/daily-news/oakland-youth-transformed-by-restorative-justice-practices/.

16 "Brief History of Conscientious Objection," modification la plus récente novembre 2007, https://www.swarthmore.edu/library/peace/conscientiousobjection/co%20website/pages/HistoryNew.htm.

17 Palmer Becker, "I Was Ready to Fight," *Our Faith Mennonite Digest* (printemps 2004), 9.

18 D'autres exemples sont BIC Compassionate Ministries de Zambie, Mennonite Brethren Development Organization d'Inde, Mennonite Diakonia Service d'Indonésie, Korea Anabaptist Center, Christlicher Dienst d'Allemagne, Centro Cristiano para Justicia de Colombie, Mennonite Central Committee Canada, Mennonite Central Committee U.S., et Mennonite Disaster Service.

19 Laura Kalmar, "The God-Bearing Life . . . of a Magazine," *Mennonite Brethren Herald*, juin 2015, 4.

Chapitre 10

1 J. B. Toews, "Spiritual Renewal," dans *The Witness of the Holy Spirit : Proceedings of the Eighth Mennonite World Conference*, éd. Cornelius J. Dyck (Elkhart, IN : Mennonite World Conference,1967), 56–63.

2 Peter Klassen, "The Anabaptist View of the Holy Spirit," *Mennonite Life* 23, n. 1 (1968) : 27–31.

3 Klaassen, *Living at the End of the Ages*, ch. 4.

4 Menno Simons, *Complete Writings of Menno Simons*, trad. John Funk (Elkhart, IN : 1870), 496.

5 Walter Klaassen, "Spiritualization in the Reformation," *Mennonite Quarterly Review* 37 (1963), 67–77.

6 Richard J. Foster, *Celebration of Discipline : The Path to Spiritual Growth* (New York : Harper & Row, 1978), 5.

7 Les statistiques ont été dérivées d'une combinaison des résultats de Kanagy, Beyene, et Showalter dans *Winds of the Spirit* et des résultats de la Conférence Mennonite Mondiale dans *World Directory*, 2015.

8 David Wiebe, compte rendu de Kanagy, Beyene, et Showalter, *Winds of the Spirit*, Mennonite Brethren Herald, le 1er janvier 2013.

9 Arthur Duck, "Exuberance for the Spirit : Acts 2 from a Brazilian Perspective," *Mennonite Brethren Herald*, le 1er juin 2011.

Table de matières

L'auteur

Palmer Becker a servi l'église comme pasteur, planteur d'église, missionnaire, directeur de conférence, auteur, et éducateur. Gradué de Goshen College, de l'Anabaptist Mennonite Biblical Seminary, de Regent College, et de Fuller Theological Seminary, Becker a dernièrement détenu le poste de directeur du programme de ministère pastoral  à Hesston College. Son livret *Qu'est-ce qu'un chrétien anabaptiste ?* a été publié en vingt langues. Palmer et son épouse Ardys habitent à Kitchener, Ontario, et ils sont membres de Waterloo North Mennonite Church. Ils ont quatre enfants adultes.